Martin Furian · Liebeserziehung

Prof. Martin Furian

Liebeserziehung

Anregungen zur Sexualaufklärung und Partnerschaft

2., überarbeitete Auflage

mit einem Anhang aus ärztlicher Sicht
von Dr. Sabine Furian und Dr. Thimm Furian

Quelle & Meyer Verlag Wiesbaden

Die Deutsche Bibliothek – CIP-Einheitsaufnahme

Furian, Martin:
Liebeserziehung : Anregungen zur Sexualaufklärung und Partnerschaft / Martin Furian. Mit einem Anh. aus ärztlicher Sicht von Sabine Furian u. Thimm Furian. – 2., überarb. Aufl. – Wiesbaden : Quelle und Meyer, 1999
ISBN 3-494-01282-2

2., überarbeitete Auflage 1999

Umschlaggestaltung: Klaus Neumann, Wiesbaden
Druck und Verarbeitung: Druckhaus Thomas Müntzer, Bad Langensalza
Printed in Germany/Imprimé en Allemagne

ISBN 3-494-01282-2

Inhalt

Ein Dank ...

an alle Eltern, ErzieherInnen, SozialpädagogenInnen und LehrerInnen, die mir in vielfältigen Gespächen und Diskussionen ihre Erfahrungen mitgeteilt haben. Zu danken habe ich aber vor allem auch meiner Frau, Dipl. Soz.-Päd. Barbara Furian, die unsere gemeinsamen Erfahrungen aus der Partnerschaftsberatung und der Elternarbeit mit mir diskutierte, und meinem Sohn Dr. Thimm Furian, der meine Arbeit aus der Sicht einer anderen Generation, und auch als Mediziner, seit Jahren kritisch kommentiert. Ihm und Dr. Sabine Furian auch einen herzlichen Dank für die Verfassung des Anhangs, der aus ärztlicher Sicht wichtige Informationen enthält, die für Eltern unerläßlich sind, damit sie mit ihren Kindern diskutieren können.

Angebot eines Gespräches: Ein Vorwort anderer Art

Wenn Sie sich, meine verehrten Leserinnen und Leser, in ein Auto setzen, um Freunde zu besuchen, die einige Kilometer entfernt wohnen, so haben Sie ein Ziel, in der Regel auch einen bekannten Weg oder Sie suchen sich den Weg anhand einer Straßenkarte. Deshalb kommen Sie an Ihrem Ziel auch meistens an. Freilich muß das nicht so sein. Ihnen könnte unterwegs das Benzin ausgehen, Sie könnten eine Panne haben oder schlimmstenfalls auch einen Unfall, was Sie hinderte, Ihr Ziel zu erreichen. Oder es könnte eine Straße Ihres bekannten Weges gesperrt sein, so daß Sie eine Umleitung fahren müssen und sich deshalb verspäten.

In der Erziehung ist es ebenso. Wir haben in der Erziehung unserer Kinder nur dann die Chance, an unserem Ziel anzukommen, wenn wir wirklich vorher wissen, wo wir hinwollen. Wozu also sollen Kinder warum erzogen werden? Wenn wir alles gut überlegt und mit unserem/r Partner/in in der Erziehung ausdiskutiert haben, dann ist viel erreicht: wir haben das Ziel vor Augen. Aber wir sind eben noch nicht angekommen. Vielfältige Ereignisse können eintreten, die uns unser Ziel nicht erreichen lassen. Schon viele Eltern waren darüber verzweifelt, daß sich ihre als gut erkannten Vorstellungen trotz aller Mühen nicht realisieren ließen. Und vielen habe ich gesagt, daß es doch schon gut sei, auf einem bekannten Weg in Richtung auf das Ziel ein Stück vorangekommen zu sein, also ein Kind auf den richtigen Weg gebracht zu haben. Wir müssen letztlich darauf vertrauen, daß Kinder später selbst auf einem eingeschlagenen Weg fortschreiten können, wenn er gut erklärt, beschrieben und in seiner Richtigkeit begründet wurde.

Dieses Buch handelt von Erziehung. Sicher spreche ich nur einen Teilbereich an, der im Grunde von der Gesamterziehung nicht trennbar ist. Aber auch dieser Teilbereich bedarf der Fragen nach dem Ziel und dem Weg. Mein Buch soll eine Hilfe sein, sich selbst Gedanken über das Ziel zu machen (wie soll sich ein Kind auf sexuellem Gebiet verhalten, wenn es einmal erwachsen ist?), über den Weg und über die einzelnen Schritte, die erforderlich oder sinnvoll sind, und schließlich über die Gefahren dieses Weges und wie ihnen begegnet werden kann.

Ich kann meinen Leserinnen und Lesern die Ziel- und Wegfindung nicht abnehmen. Das ist eine sehr persönliche Aufgabe, nicht ich erziehe Ihre Kinder und muß deshalb auch nicht diese Erziehung vor meinem Gewissen verantworten, sondern Sie erziehen ihre Kinder. Ich bin „aus dem Schneider", mein Sohn ist groß. Ich kann Ihnen nur helfen, eine Entscheidung zu finden, denn Sie müssen sich selbst entscheiden.

Lange habe ich mich gefragt, ob ich dieses Buch schreiben soll. In unzähligen Elternabenden, Elterngesprächen, Lehrer- und Erzieherfortbildungen habe ich eine mich prägende Erfahrung gemacht: Über Erziehung kann man eigentlich nicht referieren, sondern nur diskutieren. Warum? Wenn ich die richtige Münze in einen Automaten werfe, weiß ich, was heraus kommt, wenn der Automat nicht gestört ist. So einfach ist das in der Erziehung jedoch nicht. Selbst Kinder, die nicht „gestört" sind, reagieren völlig unterschiedlich auf die „Münze", also die gleiche Erziehungsmaßnahme. Nicht einmal in einer Familie können die Kinder genau gleich erzogen werden. Die eine erzieherische Maßnahme mag für das eine Kind richtig sein, für das andere aber unter Umständen völlig falsch. Was kann ich also mit einem Buch bewirken, das sich an viele Eltern in unterschiedlichen Familien mit unterschiedlichen Kindern wendet? Ich kann doch nicht sagen, wie alle ihre unterschiedlichen Kinder in Situationen, die ich gar nicht kenne, richtig erziehen.

Was also soll ein Buch? Am liebsten würde ich mit Ihnen, meine Leserinnen und Leser, diskutieren. Das kann ich mit diesem Medium nicht; obwohl ich im Laufe der letzten 25 Jahre sicher mit -zigtausend Eltern diskutiert habe, sind es insgesamt und prozentual doch verschwindend wenige, die ich erreichen konnte. Und so betrachte ich dieses Buch als Stellvertreter.

Eigentlich müßte ich ein sehr umfangreiches Buch schreiben, wenn alles hinein sollte, was zu dem Thema zu sagen ist. Darauf verzichte ich. Ich habe Bücher für die Hand von Kindern und Jugendlichen geschrieben:

„Das Buch vom Liebhaben" für Kinder zwischen acht und zwölf Jahren und „Das Buch vom Lieben und Geliebtwerden" für Jugendliche ab 13 Jahren. Beide Bücher sind im Quelle und Meyer Verlag in Wiesbaden erschienen. Ich bitte alle interessierten Leserinnen und Leser das dem Alter ihrer Kinder entsprechende Buch als Ergänzung hinzuzuziehen. So vermeide ich weitgehend Wiederholungen und kann mich hier darauf beschränken, Erwachsenen das zu erklären, was ich für erforderlich halte, während Formulierungen, mit welchen Kindern und Jugendlichen etwas erklärt werden kann, in dem Kinder- bzw. dem Jugendbuch nachgelesen werden sollte. An manchen Stellen freilich weiche ich von diesem Prinzip ab, nämlich dann, wenn ich etwas für das Verstehen des „Warum“ für unerläßlich halte.

Ich wäre allen Leserinnen und Lesern dieses Buches dankbar, wenn sie meine Gedanken ernst nähmen, wie ich stets die Gedanken der Menschen, mit denen ich es zu tun habe, als Ergebnis ernsthafter und mitmenschlicher Überlegungen annehme. Ich möchte eigentlich nur eines als Ihr „Gesprächspartner“ erreichen: daß Sie sich mit meinen Gedanken wirklich auseinandersetzen. Ich möchte weder schnelle Zustimmung noch schnelle Ablehnung, am wenigsten freilich Gleichgültigkeit. Mir wäre es wichtig, daß Sie sich unter Einbeziehung meiner Argumentation eine eigene Meinung über Ihr Ziel und Ihren Weg bilden würden.

Dann hätte sich die Arbeit, ein Buch zu schreiben, gelohnt.

Einleitung: Die eigene Einstellung als Ausgangspunkt jeder Erziehung

Dies ist ein Buch, das es mit der Sexualität und den geschlechtlichen Beziehungen von Menschen zu tun hat. Verglichen mit einem Buch, das sich mit dem Essen und den Eßgewohnheiten auseinandersetzt, also einem anderen elementaren Bedürfnis, gehen wir alle nicht völlig unbefangen an das Thema heran. Und demgemäß erscheint es uns unendlich schwieriger, die Sexualität unserer Kinder zu kultivieren, als ihnen Eßkultur nahezubringen. Woran liegt das?

Zunächst einmal haben unsere Bedürfnisse nach Nahrung und Sexualität vieles gemeinsam. Es sind in der Natur angelegte Grundbedürfnisse. Werden sie nicht befriedigt, wird der Mensch bzw. die Menschheit nicht überleben können. Es sind also natürliche Bedürfnisse. Die Art aber, in der wir sie befriedigen, hat mit Natur nur sehr wenig zu tun. Weder unsere Eßgewohnheiten noch unser Sexualverhalten wird von unserer Natur festgelegt, durch Instinkte etwa. Im Gegensatz zum Tier können wir beispielsweise in einer konkreten Situation ohne Druck von außen unseren Hunger zurückstellen bis der Tisch gedeckt und die ganze Familie beisammen ist. Dem kleinen Kind fällt das noch schwerer als dem größeren oder gar dem Erwachsenen, weil es das noch nicht gelernt hat.

Mit unseren sexuellen Bedürfnissen ist das ganz ähnlich. Während tierische Sexualität überhaupt nur in bestimmten Zeitabständen oder zu bestimmten Jahreszeiten präsent ist, kennt menschliche Sexualität solche naturbedingten Begrenzungen nicht. Menschliche Sexualität ist immer präsent, aber wir leben sie nicht immer. Ist ein Bulle mit Kühen zusammen auf der Weide, grasen alle Tiere gemeinsam höchst friedlich und ohne jegliche sexuelle Bedürfnisse. Erst wenn eine Kuh „bullt", d. h. wenn die Periode ihrer Fruchtbarkeit herangekommen ist, erwacht auch in dem Bullen die Sexualität und er deckt die Kuh. Dabei ist es ihm völlig gleich, wie die Kuh aussieht, ob sie sauber ist, ob sie aus dem Maul riecht, wie alt sie ist oder welcher „Familie" sie entstammt, sie wird schlicht und einfach gedeckt.

Völlig anders bei den Menschen. Obwohl unsere Sexualität grundsätzlich immer gegenwärtig also nicht an Perioden gebunden ist, können sich in der Regel doch Männer und Frauen in einem Raum aufhalten, ohne übereinander herzufallen. Auch können wir über die Straße gehen und Menschen anderen Geschlechtes begegnen, deren Sexualität genauso präsent ist wie unsere eigene, ohne sie uns sexuell gefügig zu machen. Ich habe Elternabende über das Thema Sexualerziehung gestaltet, bei denen nur ganz wenige Männer anwesend waren. Trotzdem und obwohl wir sogar angeregt über Sexualität sprachen, sind wir alle sexuell ungeschoren wieder aus der Veranstaltung gegangen. Das ist nicht von der Natur her erklärbar. Für die Natur eines Bullen oder einer Kuh wäre es unvorstellbar, eine solche Situation auszulassen. Es ist nicht die Natur, die unser sexuelles Verhalten steuert. Natürlich spielt die unterschiedliche Vitalität eine Rolle aber entscheidend für unser Verhalten ist die Kultur, das also, was an uns durch Erziehung oder Vorleben herangetragen wurde. Es gibt kein ***natürliches*** menschliches Sexualverhalten, sondern nur ein von der Kultur geprägtes Verhalten. Dementsprechend wäre es auch völlig widersinnig, von Menschen zu fordern, sie sollten sich bezüglich der Sexualität natürlich verhalten. Das hieße doch wohl „Bullenmentalität" zu fordern. Vielmehr kann die Forderung höchstens lauten, sich der Kultur entsprechend zu verhalten, also ***kultürlich***. Unsere Kultur erlegt uns bestimmte Verhaltensregeln auf, über die wir gar nicht oder höchst selten nachdenken. Wollten wir gegen diese Regeln handeln, erschiene uns das als ***unnatürlich***. Unsere kulturellen Regeln sind uns zur zweiten Natur geworden. Solche Regeln betreffen den Ort, an dem Sexualität zulässig ist, die Person (zum Beispiel nicht nähere Verwandte), die Rechtsverhältnisse (zum Beispiel nur in der Ehe oder auch außerhalb) oder auch die Form sexuellen Genießens (was ist erlaubt, was „pervers"?). Aber auch unsere ästhetischen und psychischen Bedürfnisse greifen: unser Empfinden von schön, von angenehm, von attraktiv. Manche Menschen können wir „nicht riechen" und da passiert dann auch sexuell nichts. Auch unsere Ängste vor dem „Versagen", vor Krankheit oder auch vor Schwangerschaft spielen mit hinein.

In den verschiedenen Zeiten und Gesellschaften sind diese kulturellen Regeln unterschiedlich, mal lassen sie den primären Bedürfnissen mehr Raum, mal weniger. Das hängt auch mit den Lebensverhältnissen zusammen. Wenn ein Mann viele Frauen haben darf, dann ist das in einer Gesellschaft sehr sinnvoll, in der die Männer beispielsweise durch Kriege dezimiert werden oder die Sicherheit von der Anzahl der Krieger abhängig ist. Manchmal überdauern solche Regeln die Zeit, in der sie notwendig waren, und gehen in Religionen oder allgemein in Kultur ein. Sie führen gleichsam ein Eigenleben bis sie irgendwann so widersinnig erscheinen, daß sie durch andere ersetzt werden.

Die Sexualität betreffende Regeln können also höchst sinnvolle, aber auch höchst widersinnige sein. Wir alle sind in unserem Verhalten von solchen Regeln geprägt oder mitgeprägt: durch Erziehung oder allgemeiner gesagt durch Sozialisation. Es ist hier nicht der Platz, alle in unserer Gesellschaft bestehenden sexualkulturellen Normen zu untersuchen. Eines ist jedoch einsichtig: in einer Gesellschaft, in der Geburtenregelung beherrschbar ist, Hunger nicht existiert, die soziale Sicherheit durch die Gesellschaft als ganzes und nicht durch die Familien garantiert wird, individuelle Selbstbestimmung ein verfassungsmäßig garantierter Wert ist, können Regeln sexuellen Verhaltens sinnvoll sein, die in Gesellschaften mit anderen Lebensverhältnissen keinen Sinn machen würden.

Es wird später zu fragen sein, welche Regeln heute bei uns sinnvoll und notwendig sind. Hier jedoch nur so viel: es ist keineswegs gesagt, daß die Regeln, mit denen die heutigen Erwachsenen bewußt oder unbewußt erzogen wurden, auch sinnvoll in der heutigen Zeit sind. Da sie aber an uns von der Kleinkindzeit an herangetragen wurden, sind sie uns so „unter die Haut" gegangen, uns zur zweiten Natur geworden, daß sie uns erheblich beeinflussen, ob es uns bewußt wird oder nicht. Das kann so weit gehen, daß unser Verstand uns sagt, daß eine bestimmte Regel sinnlos, ja im Grunde unerträglich ist. Unser Unterbewußtes, unser Gefühl kann uns dennoch hindern, uns dieser Einsicht entsprechend zu verhalten. Bitte denken wir doch einmal daran, wann wir so im Leben einen „roten Kopf" bekommen haben, also verlegen wurden und wir uns darüber ärgerten, weil verstandesmäßig geurteilt dazu kein Anlaß bestand. Dennoch reagierte unser Unterbewußtsein.

Natürlich wandelt sich das. Es ist noch keineswegs lange her, daß es den Menschen unvorstellbar erschien, sich ihren Sexualpartnern nackt zu ***zeigen***: das dunkle Schlafzimmer war die Regel. Heute ist das Menschen nicht mehr nachvollziehbar, obwohl es sicher auch noch nicht allgemein der Vergangenheit angehört. Dieses Unterbewußte verführt uns häufig zu Behauptungen, die sich verstandesmäßig nicht halten lassen; zum Beispiel wird oft die Auffassung vertreten, man könne mit jüngeren Kindern nicht über Geschlechtsverkehr sprechen, weil sie das nicht verstünden und sie geschockt, bzw. seelisch geschädigt würden. Argumente werden dafür in der Regel nicht angeführt: „Das weiß ich, ich kenne mein Kind." Oder es wird behauptet, die geschlechtliche Aufklärung gehöre einzig und allein in die Familie, weil sonst die Kinder in Gruppen unterschiedlich informierter Kinder überfordert würden. Es liegt die Vermutung nahe, daß es sich hier um Haltungen handelt, die man in der Psychologie als Rationalisierungen bezeichnet. Weil man davor Angst hat — man hat es schließlich selbst unter Umständen nicht erlebt —, mit Kindern über Sexualität zu sprechen, sich das aber nicht eingestehen kann, wird, unbewußt für sich selbst, der Verstand mobilisiert, der nach vernünftig erscheinenden Argumenten sucht, um sich das Gespräch zu ersparen. Die Schwierigkeit liegt darin, daß dieser innerseelische Vorgang nicht bewußt wird. Deshalb reagieren Menschen dann sehr verletzt und aggressiv, wenn sie darauf aufmerksam gemacht werden, vor allem wenn Dritte zugegen sind.

Wie gut wäre es doch für uns und unsere Kinder, wenn wir uns eingestehen könnten, daß uns etwas vom Gefühl her unmöglich ist, wofür es verstandesmäßig keine stichhaltigen Gründe gibt.

Ich habe das einleitend zu diesem Buch geschrieben, weil ich denke, daß jede/r meiner Leser/Innen an der einen oder anderen Stelle meines Buches innere Widerstände verspüren wird. Ich will nur darum bitten, sich an solchen Punkten nicht zu verhärten (der Vorteil eines Buches ist es ja, daß jeder alleine liest und nicht gleich nach außen hin Stellung beziehen muß), sondern in Ruhe darüber nachzudenken, ob das eigene Unterbewußte einen Streich spielt oder aber, ob der innere Widerstand wirklich mit einer tragfähigen Begründung versehen werden kann. Wenn letzteres der Fall ist, dann bitte sollte jede/r zu seiner/ihrer Begründung stehen. Ist das aber nicht der Fall, muß meines Erachtens die Arbeit an sich selbst beginnen, die Verarbeitung des eigenen Gewordenseins. Nur dann wird eine Erziehung von Kindern möglich sein, die diese in die Lage versetzen kann, sich in ihrem weiteren Leben sinnvoll und „wert“-voll zu verhalten.

Ich denke also, die schwere und „heikle“ Aufgabe einer Sexual- und Partnerschaftserziehung besteht hier wie kaum auf einem anderen Gebiet darin, sich selbst und das eigene Gewordensein in Frage zu stellen, nicht zu negieren, sondern auf seine Begründbarkeit hin zu befragen und gegebenenfalls zu ändern. Das kann ein langer und auch schmerzhafter Prozeß sein. Schmerzhaft deshalb, weil dabei auch eigene unnötige Leiden der Vergangenheit bewußt werden können. Aber es ist auch befreiend und vor allem beglückend zu erleben, wie man auf einmal in die Lage kommt, Fesseln abzuwerfen und auch in der Erziehung seiner Kinder unbefangener reagieren zu können.

Liebeserziehung statt Sexualaufklärung

Wenn ich Eltern daraufhin befragte, was sie unter Sexualität und Sexualerziehung verstünden, war die Antwort eigentlich klar: Sexualerziehung ist demnach Information über die Sexualität des Menschen, über Sexualorgane, sexuelle Abläufe, Schwangerschaftsverhütung, Schwangerschaft und Geburt, also im weitesten Sinne „biologische" Information. Zur Sexualität wurden darüber hinaus die Gefühle sexueller Erregung und Befriedigung gerechnet.

Mit dieser Abgrenzung stehen Eltern nicht allein. Auch Kultusbehörden haben häufig eine ähnliche Auffassung; sie schreiben in den Schulgesetzen diese Inhalte für den Sexualkundeunterricht vor.

Eine so abgegrenzte Sexualerziehung ist jedoch viel zu wenig, sie ist kaum mehr als gar nichts. Entscheidend ist das sexuelle Verhalten. Sexualerziehung im obigen Sinn gibt jungen Menschen weniger Orientierung, als Tiere sie von Natur aus haben. Der Mensch „weiß" nach solcher Sexualaufklärung im Grunde weniger, als ein Bulle von Natur her mitbekommen hat.

Nun wäre es ja durchaus denkbar, den Begriff „Sexualerziehung" mit neuen erweiterten Inhalten zu füllen. Alle Versuche dazu schlagen jedoch deshalb fehl, weil der Sprachgebrauch inzwischen fest verwurzelt ist. Aus dieser Erfahrung heraus bin ich zu anderen Begriffen übergegangen.

„Liebe“: was ist das eigentlich?

Dem von mir bevorzugten Begriff der Liebeserziehung liegt natürlich der Begriff Liebe zugrunde, ein höchst schillerndes und vielfältig verwendetes Wort. Ich will hier nicht auf die Liebe zu Dingen, Tieren oder auch auf die Gottesliebe eingehen, sondern den Begriff auf zwischenmenschliche Beziehungen begrenzen.

Sicher kommt Verschiedenes zusammen:

Verliebt

Wir alle kennen das Gefühl der Verliebtheit. Man kommt mit einem Menschen anderen Geschlechts in Kontakt und auf einmal hat es „eingeschlagen“, man ist verliebt. Wie dieses Gefühl im konkreten Fall entsteht, weiß niemand. Es wird durch ein für uns sympathisches Aussehen eines anderen Menschen, durch eine Art, sich zu verhalten, durch Gesten, Mimik, Sprache oder anderes mehr oder auch alles zusammen ausgelöst. Es ist ein plötzliches oder auch ein langsam wachsendes Gefühl des unwiderstehlich Hingezogenseins, ein geradezu rauschhaftes Gefühl aber eben ein Gefühl, sonst nichts. Diese Feststellung ist keine Geringschätzung, ganz im Gegenteil. Wir alle können uns heute kaum noch vorstellen, uns dauerhaft an einen anderen Menschen zu binden, in den wir uns nicht zunächst verliebt haben. Verliebtheit kann heute in unserer Kultur als Ausgangspunkt der überwiegenden Zahl dauerhafter Beziehungen bezeichnet werden. Das war nicht immer so. Meine Großmutter beispielsweise hat mir einmal erzählt, sie hätte meinen Großvater nie geheiratet, wenn sie gefragt worden wäre. Man hat sie nicht gefragt, sondern sie verheiratet. Freilich hat sie mir auch erzählt, daß sie sich nach einiger Zeit heftig in ihren eigenen Mann verliebte. Auch diesen Weg zur Liebe gibt es, und in manchen Kulturen ist er noch heute der einzige Weg.

Das Gefühl des Verliebtseins bietet auch eine große Chance: einen Menschen genauer kennenzulernen, als das Leben es sonst ermöglichen würde, „... nicht nur die Gedanken und Ansichten, sondern gerade das, was zunächst verborgen wird: das Verhalten (entspricht es den geäußerten Ansichten?), den Körper (wie faßt er sich an?), das Fühlen (was findet dieser Mensch schön?) oder auch die Gefühlsäußerungen (wie ist dieser Mensch zärtlich, kann er sich freuen und — das ist wichtig — weinen?).“ (in: Das Buch vom Lieben und Geliebtwerden, S. 12) Wir lernen viele Menschen kennen, nur wenige öffnen sich uns. Verliebtheit ist oftmals der Schlüssel.

Das Gefühl der Verliebtheit, die gefühlsmäßige Bindung an einen anderen Menschen ist sicher nicht mit Liebe zu verwechseln, aber sie gehört zur Liebe.

Sexualität

Und zur Liebe gehört natürlich Sexualität. Diese Sexualität wird sicher unterschiedlich gelebt, aber ohne Sexualität gibt es keine Liebesbeziehung zwischen Menschen. Es ist immer wieder gefragt worden, welchen Stellenwert die Sexualität in Liebesbeziehungen hat. Ich glaube zwar einen sehr hohen, aber dennoch keinen beherrschenden. Wäre nämlich Sexualität das ausschlaggebende Element, würden Beziehungen viel häufiger zerbrechen. Es gibt in jeder Liebesbeziehung Zeiten, in denen Sexualität nicht lebbar ist, sei es zum Beispiel wegen räumlicher Trennung oder wegen Krankheit. Dennoch bestehen Liebesbeziehungen fort. Das Entscheidende ist die Beziehung, das also, was Menschen über das Körperliche hinaus verbindet. Irgendwo habe ich einmal den Satz gelesen, „Sexualität stirbt, wenn die Liebe gestorben ist, nicht umgekehrt". Mir will scheinen, es spricht einiges dafür. Dennoch wäre es völlig verfehlt, die geglückte sexuelle Begegnung gering zu werten, stellt sie doch die innigste körperliche und gefühlsmäßige Begegnung dar, deren Menschen fähig sind, eine Begegnung, die zwischenmenschliche Grenzen relativieren und gemeinsames Erleben und Genießen eröffnen kann. Freilich ist solche „Grenzüberschreitung" nur erlebbar, wo der Gleichklang über die Körperlichkeit und die körperlichen Lustgefühle hinausreicht. Die sexuelle Gemeinsamkeit „zwischen zwei Menschen findet erst dann ihre volle Erfüllung, wenn beide sich in allen diesen Bereichen öffnen und hingeben, sich ganz ihrem Gefühl überlassen können und dennoch sich wahrnehmen, aufeinander zugehen, höchstes Glück und höchste Lust in der Lust und dem Glück des Partners empfinden und wiederum von ihm empfangen. Ich kenne nichts Schöneres, Gewaltigeres, Lustvolleres, Zärtlicheres, Innigeres, Aktiveres, Verträumteres, nichts Näheres und nichts Vertrauteres als geglückte Stunden mit dem geliebten Partner. Mir fehlen im Grunde die Worte, dieses Erlebnis zu beschreiben, das eben gerade nicht nur von körperlicher Nähe und höchster Lust gekennzeichnet ist, sondern ebenso von einem geistig-seelischen Gleichklang. Nicht jede sexuelle Begegnung mit dem Partner erreicht diese Höhen, aber nur mit einem *geliebten* Partner sind sie erreichbar." (in: Das Buch vom Lieben und Geliebtwerden, S. 31)

Der Kopf gehört dazu

So sicher wie Verliebtheit und Sexualität, Gefühl des Hingezogenseins und sexuelle Zuwendung also zur Liebesbeziehung gehören, so sicher sind das noch keineswegs alle tragenden Säulen der Beziehung. Wichtig ist auch ein hohes Maß an Übereinstimmung in wichtigen Lebensfragen und -bereichen.

„Gegensätze ziehen sich an“, sagt der Volksmund. Ja, und dann? Was ist, wenn zwei sehr gegensätzliche Menschen sich (wieder) angezogen haben, also ihre emotionalen Bedürfnisse — vorübergehend vielleicht — gestillt sind? Was machen sie dann, worüber tauschen sie sich aus, was können sie gemeinsam unternehmen und erstreben, welche gemeinsamen Auffassungen haben sie? Eine Beziehung lebt von den Gemeinsamkeiten in Interessen, Anschauungen, Wertvorstellungen. Wer kennt nicht die vielen Paare, die eigentlich keine sind, weil die Gemeinsamkeiten fehlen? Er geht Wochenende für Wochenende auf den Fußballplatz, sie bleibt zu Hause. Sie geht Monat für Monat ins Theater, er hütet die Kinder, obwohl Nachbarn als Babysitter einspringen könnten. Man erlebt nichts oder wenig gemeinsam, hat deshalb wenig oder nichts zu diskutieren, die Gespräche drehen sich nur noch um Wirtschaftsfragen und um die Kindererziehung, man lebt im Grunde nebeneinander, anstatt miteinander. In einem solchen Klima kann keine Liebe gedeihen. Die Beziehung verkümmert zur Wirtschaftsgemeinschaft, zur „Gesellschaft mit beschränkter Haftung“.

Besonders wichtig ist auch die Übereinstimmung in grundsätzlichen Wertvorstellungen, in dem, was als gut oder böse angesehen wird, was Treue und was Untreue ist, was politisch akzeptabel und was abzulehnen und zu bekämpfen wäre, welchen Stellenwert Kinder im eigenen Leben haben und vieles andere mehr.

Natürlich ist damit nicht gesagt, Liebe könne nur gedeihen, wo alles gemeinsam gemacht wird. Eine so totale Gemeinsamkeit gibt es nur, wo sich eine/r dem/r anderen völlig unterwirft und eigene Interessen, Wünsche und Ansichten aufgibt. Das aber wäre einer Partnerschaft nicht weniger abträglich, weil beim aufgebenden Teil Opfergefühle und beim anderen (hoffentlich) ein schlechtes Gewissen ausgelöst werden. Dazu kommt, daß eine Partnerschaft bereichert wird, wenn jeder der Beteiligten neue Anregungen einbringt. Voraussetzung der Liebe zu anderen Menschen ist die Liebe zu sich selbst, also die Wertschätzung der eigenen Interessen und Bedürfnisse. Liebe deinen Nächsten ***wie dich selbst***, sagt die Bibel zu Recht, damit ist der Maßstab gesetzt.

Es geht also darum, die eigenen — unverzichtbaren — Bedürfnisse zu erkennen und ebenso die eines/r möglichen Partners/in und es geht weiter darum, die Andersartigkeit des anderen Menschen anzunehmen, zu akzeptieren und zu fördern.

Das alles darf aber nicht darüber hinwegtäuschen, daß ohne einen hohen Grad an Übereinstimmung eine Beziehung nur eine geringe Chance hat, eine Liebesbeziehung zu werden und dann vor allem dauerhaft zu bleiben.

Ende vorprogrammiert?

Wir alle kennen Momente in unseren Partnerschaften oder auch länger anhaltende Perioden, in denen die Zuneigungsgefühle recht reduziert sind, vielleicht ist man enttäuscht oder sogar wütend. In solchen Phasen gehen viele allzufix geschlossene „Partnerschaften" in die Brüche, andere Beziehungen überleben solche „Tiefs", warum? Mit dieser Fragestellung bin ich beim letzten Punkt meiner Liebesdefinition.

Natürlich hat der Bestand einer Beziehung recht nachhaltig mit dem bisher Ausgeführten zu tun. Aber bei alledem kommt niemand von uns um eine Entscheidung, eine Willensentscheidung herum, um die Entscheidung, mit einem anderen Menschen zusammen sein ***zu wollen, was auch komme***. Natürlich wissen wir alle, daß es keine Garantie für den Bestand einer Beziehung gibt. Dennoch denkt niemand am Beginn einer dauerhaften Beziehung an ihr Ende. In der Regel glauben wir, unsere eigene Beziehung wird Krisen überdauern, von denen keine Beziehung verschont bleibt. Aber nur wenn ich davon ausgehen kann, daß mein Gegenüber bereit ist, Krisen mit mir durchzustehen, wenn ich also nicht stets in der Angst leben muß, daß sich meine Partnerin in der Krise von mir verabschiedet, kann ich in einer Krise ich selbst bleiben und offen um den Ausweg ringen. Das muß sicher ein wechselseitiges Wissen sein. Was nützte uns aber vor diesem Hintergrund eine Partnerbeziehung, die im Ernstfall einer Krise nicht hält, in der davon ausgegangen werden muß, daß sie zerbricht, wenn Unvorhergesehenes eintritt, ein Unfall zum Beispiel oder eine schwerwiegende Erkrankung, Arbeitslosigkeit oder wirtschaftlicher Ruin? Nein, eine solche Beziehung, die nicht das Unkalkulierbare mit einkalkuliert, die nicht eine gewisse Bedingungslosigkeit der Zuwendung einschließt, ist im Grunde wertlos, weil sie eine Quelle dauernder Ängste und Unsicherheiten ist und den Keim zu schweren seelischen Erschütterungen in sich trägt.

Aber die Fähigkeit zu einer solchen Entscheidung ist uns nicht von der Natur mitgegeben, wir müssen sie erwerben. Und das wird immer schwieriger. Natürlich kann man sich täuschen. Das Risiko der Täuschung ist jedoch geringer, wenn bewußt ist, worauf es in Partnerschaften ankommt, wenn man gelernt hat, worauf zu achten ist, und wenn man sich beim Eingehen von Beziehungen Zeit läßt, nichts überstürzt.

Was also ist Liebe?

Ich möchte es noch einmal in wenigen Worten zusammenfassen. Eine Grafik kann dazu helfen. Liebe ist eine Körperbeziehung, eine Gefühlsbeziehung, eine Verstandesbeziehung, eine Gemeinsamkeitsbeziehung und eine gewollte Beziehung, der eine bewußte Entscheidung zugrunde liegt.

Liebe

Körper- beziehung	Gefühls- beziehung	Verstandes- beziehung	Sozial- beziehung
Stichworte: • Sexualität • ganzkörperliches Luststreben	Stichworte: • Gefühle der Zuneigung (verliebt) • Gefühle der Geborgenheit • aber auch der Angst und des Peinlichen u.a.m.	Stichworte: • Wissen um Gemeinsames • Offenheit für Trennendes • Auseinandersetzung mit Werten und deren Akzeptanz • gewollte Beziehung • Fähigkeit zum Abwägen und Entscheiden selbst in Verliebtheitssituationen u.a.m.	Stichworte: • Bereitschaft, andere Menschen in ihrer Andersartigkeit zu akzeptieren • Bereitschaft zur Kooperation • Bereitschaft, Freispielräume zu leben und zuzulassen • Entfaltung einer Wir-Persönlichkeit • Verantwortungsbereitschaft u.a.m.

Man entscheidet sich für einen anderen Menschen, beziehungsweise für eine Beziehung, die so vieldimensioniert ist, daß sie durchaus auch als eine grenzüberschreitende Beziehung definiert werden kann, eine Beziehung, in der individuelle Begrenzungen überschritten werden, die zu etwas führt, was zwischen Individualität und Sozialität liegt, gleichsam eine neue „Wir-Persönlichkeit". ***Eine solche Beziehung ist nicht, sie wird!*** Sie ist ein ständiger Werdens- und Veränderungsprozeß. Sind sich die beiden daran Beteiligten nicht bewußt, daß es ein ***gemeinsamer*** Werdensprozeß ist, in dem jede/r gleichermaßen für das Gemeinsame verantwortlich ist, wird diese „Wir-Persönlichkeit“ scheitern. Wie jeder Mensch ständig an sich selbst arbeiten muß, um sich zu vervollkommnen, so dürfen die Beteiligten an der neuen „Wir-Persönlichkeit“ auch nicht nachlassen, an der Vervollkommnung der Teile und des Ganzen zu arbeiten. Die heute oft als Rechtfertigung für das Scheitern von Beziehungen angeführte Begründung, man habe sich auseinanderentwickelt, was nach langen Jahren durchaus logisch sei, ist im Grunde keine Rechtfertigung sondern eine Bankrotterklärung. Im Grunde wurde irgendwann das Ziel aufgegeben, die „Wir-Persönlichkeit“ zu entfalten, von einem/r oder beiden Beteiligten. Daran stirbt dann die Beziehung und die ehemals Beteiligten, die vielleicht in eine neue „Wir-Persönlichkeit“ hineinstreben werden, stehen in der Gefahr, auch dort wieder zu scheitern, wenn ihnen nicht der eigene Anteil an der Entfaltung und Erhaltung solcher Beziehungen bewußt wird und wenn sie sich nicht dazu entscheiden, ihren eigenen Anteil an der Verantwortung für die Beziehung zu leben.

„Liebesfähig“: reine Glückssache?

Blenden wir einmal 60 bis 80 Jahre zurück, damit deutlich wird, was ich meine. In jener Zeit hatten Familien Bestand. Gesetze, Sitte, Religion und wirtschaftliche Gegebenheiten trugen dazu bei. Liebe war eine durchaus angenehme Begleiterscheinung von Ehen. Wo sie jedoch fehlte, bestand die Familie dennoch fort. Sie war in der Regel nicht einmal unerträglich, sondern eine auch ohne Liebe durchaus lebbare Vernunftsbeziehung, sofern ein Mindestmaß an Achtung gegeben war. Viele Kinder und wirtschaftliche Zwänge trugen dazu bei, daß die Zeit fehlte, sich in „Gefühlsduseleien“ aufzuhalten. Freizeit im heutigen Sinn gab es allgemein nicht oder nur für sehr wenige reiche Familien. Meine Großmutter hatte dreizehn Kinder, aber keine Freizeit, um es einmal drastisch auszudrücken. Und im übrigen dauerten diese Beziehungen in der Regel auch nicht so lange, daß sie unerträglich wurden. Die Goldene Hochzeit war die Ausnahme, die Regel war der frühe Tod zumindest eines der beiden Partner, wodurch dann das Beziehungsproblem gelöst war.

Mit anderen Worten: Damals hielten Beziehungen unabhängig davon, ob sich die Beteiligten in besonderem Maße emotional zugetan waren, aus ganz anderen Gründen.

Das hat sich inzwischen grundlegend geändert:

1. Äußere Stabilitätsfaktoren für Beziehungen insbesondere für Ehen sind weitgehend entfallen:

- die Scheidung ist erleichtert,
- auch wirtschaftliche Zwänge zum Zusammenbleiben sind weitgehend entfallen,
- Gründe sozialer Sicherheit erzwingen ebenfalls keinen Bestand von Beziehungen mehr, das soziale Netz hat das zumindest rechtlich gelöst,
- neue und wirksamere Möglichkeiten der Geburtenregelung haben den von ungewollten und nicht akzeptierten Schwangerschaften ausgehenden Bindungsdruck entfallen lassen,
- Sitte, beziehungsweise gesellschaftliche Zwänge, die einer Trennung entgegenstanden, sind entfallen.

Also nochmals, niemand ist mehr gezwungen, mit einem anderen Menschen zusammenzuleben, wenn er keine Lust mehr dazu hat oder meint, es ginge nicht mehr. Das wird von den Menschen auch zunehmend gelebt, wie die Statistik zeigt:

- Das durchschnittliche Heiratsalter ist in den letzten 20 Jahren um 2 ½ Jahre angestiegen,
- die Heiratshäufigkeit geht erheblich zurück,
- die Scheidungen haben sich mehr als verdoppelt, mindestens jede dritte neue Ehe wird geschieden, in Städten mehr, auf dem Lande weniger,
- die Single-Haushalte nehmen immer mehr zu, sie machen heute ein Drittel aller Haushalte aus,
- das Zusammenleben ohne Trauschein nimmt ebenfalls zu.

2. Kinder als Möglichkeit sozialer Absicherung sind in unserer Gesellschaft ohne jede Bedeutung, ganz im Gegenteil. Wer Kinder in die Welt setzt, wird wirtschaftlich erheblich bestraft, obwohl er in höchstem Maße gesellschaftliche Leistungen erbringt, die ohnehin mit Geld nicht aufzuwiegen sind.

Wenn also heute Beziehungen halten, dann deshalb, weil zwei Menschen zusammenbleiben ***wollen***. Erstmals in der Geschichte der Menschheit gibt es in den Industrienationen die Chance, Beziehungen überwiegend aus anderen Gründen als denen wirtschaftlicher und sozialer Sicherheit, nämlich aus Gründen der Zuneigung und gewollten personalen Entscheidung einzugehen: die Chance und nicht mehr. Ob diese Chance tatsächlich nicht nur von wenigen, sondern von der Mehrzahl oder von allen Menschen einer Gesellschaft genutzt werden kann, das ist allerdings noch keineswegs sicher, vieles steht dem entgegen.

Da wäre zunächst die radikale Abnahme von intensiveren Sozialkontakten sowohl von Kindern und Jugendlichen untereinander als auch von Erwachsenen. Kindern fehlen damit häufig Übungs- und Beobachtungsfelder. Die geringere Kinderzahl pro Familie mit deutlichem Trend zur Ein-Kind-Familie hat nicht nur Geschwisterbeziehungen eingeengt, sondern darüber hinaus allgemein Verwandschaftsbeziehungen und auch die Möglichkeiten, Gleichaltrigenbeziehungen zu leben. Viele Eltern müssen heute weite Wege auf sich nehmen, um ihrem Kind Gleichaltrigenbeziehungen zu ermöglichen. Was zunächst in erster Linie nur ein Erziehungsproblem war, greift heute bereits auf die Erwachsenenbeziehungen über, weil dieser Zustand schon lange andauert. Darüber hinaus führt die Mobilität unserer Gesellschaft zu immer häufigerem Abbruch oder zur Erschwerung bestehender Freundschafts- und Bekanntschaftsbeziehungen. Beziehungen am Arbeitsplatz können nur begrenzt Ersatz bieten, weil sie in großem Maße stets auch Konkurrenzbeziehungen, oftmals sogar direkte Gegnerbeziehungen sind.

Aber im Hinblick auf das dauerhafte Zusammenleben und die personale Bindung versagen auch unsere heutigen Erziehungseinrichtungen. Das ist auf den ersten Blick erstaunlich, weil in der Bindungsfähigkeit sicher ein allgemein anerkannter Wert gesehen wurde. Es wird verstehbar, wenn man sich vergegenwärtigt, daß die bisher maßgebliche Erwachsenengeneration fest und meist wohl auch unreflektiert in den überkommenen Werten und ihren institutionellen Ausprägungen verwurzelt war. Es lag deshalb außerhalb ihres Denkens und Vorstellungsvermögens, daß es erforderlich sein könnte, Befähigungen für den Erhalt sozialen Bindungen oder für ihre Herausbildung vermitteln zu müssen, wo doch durch Tradition, Sitte und Gesetz gleichsam von selbst Bindungen entstanden und hielten. Mit anderen Worten, man hat offenbar nie darüber nachgedacht, daß bezogen auf die Sexualität und die Beziehungen der Geschlechter Neuordnungen nötig sein könnten. Die führenden Kräfte unserer Gesellschaft haben zwar zugelassen, daß unter ihrem obersten Wert, des wirtschaftlichen Erfolges, alle übrigen Werte eingerissen wurden, sie haben sich jedoch über die Folgen offensichtlich keine Gedanken gemacht. Ohne die schrankenlose Marktwirtschaft, wie wir sie seit Bestehen der Bundesrepublik kennen, wäre der Verfall überlieferter Werte undenkbar gewesen. Ich will gar nicht bewerten, ob die überlieferten Werte erhaltenswürdig waren, sondern nur feststellen, daß sie weithin nicht mehr existent sind. Sicher hängt das auch damit zusammen, daß wir alle mündiger geworden sind. Das Wissen um unsere demokratischen Rechte hat auch dazu geführt, daß wir nur bereit sind für unser Leben zu akzeptieren, was wir selbst vor unserem Gewissen für richtig erachten und nicht das, was überkommen ist oder sittliche oder politische Instanzen proklamieren.

Das Problem ist meines Erachtens nicht das Verschwinden alter, sondern das Fehlen allerseits akzeptierter und reflektierter Normen und Werte überhaupt.

Wir sind in der Situation, daß immer weniger Menschen bereit sind oder sich in der Lage sehen, eine Entscheidung für eine dauerhafte Beziehung zu treffen, weil sie nicht wissen, worauf es ankommt und weil sie vor allem auch unsicher sind, ob sie in der Lage sein werden, eine einmal eingegangene Beziehung so zu pflegen, daß sie Überlebenschancen hat. Natürlich wissen wir auch, daß gescheiterte Beziehungen niemanden unbeschädigt lassen. Sie hinterlassen in jedem Fall Verletzungen, auch dann, wenn sie zunächst nicht verspürt werden. Und so geht die Bereitschaft zum Eingehen dauerhafter Beziehungen immer mehr zurück. Das Risiko zu scheitern, wird als zu groß erlebt. Der Glaube jedoch, dadurch unbeschädigt durch das Leben zu kommen, ist ein Irrglaube. Oberflächliche oder partielle Freizeitkontakte sind kein Ersatz für dauerhafte, krisenfeste und inhaltlich vielseitige Sozialbeziehungen. Der Mensch als Sozialwesen braucht für seine Gesundheit verläßliche Dauerbeziehungen. Wo sie fehlen, ist er sozial gefährdet und psychisch anfällig. Die ständig steigende Zahl psychisch Kranker, wozu natürlich auch die Suchtgefährdeten gehören, ist dafür ein schlagender Beweis. Das alles sind im Grunde Einsamkeitserkrankungen von vereinzelten Menschen.

In einer solchen Zeit, in der Verwandtschafts-, Freundschafts- und intensivere Bekanntschaftsbeziehungen rückläufig sind, kommt der Paarbeziehung eine ganz besondere Bedeutung zu. Sie ist, wenn sie glückt, die tragende Sozialbeziehung Erwachsener schlechthin. Freilich steht sie damit auch in der Gefahr der Überfrachtung.

Ich möchte das noch einmal zusammenfassen. Liebesbeziehungen sind aus zwei Gründen für alle Menschen enorm wichtig:

1. **erhält Leben einzig durch Liebe Sinn.** „Das heißt: Je mehr wir zu lieben und uns hinzugeben fähig sind, desto sinnvoller wird unser Leben" (Hermann Hesse). Das gilt allgemein aber besonders für die Beziehung zweier Menschen untereinander.
2. **gibt es Angstfreiheit, Sicherheit und Geborgenheit nur in Liebesbeziehungen.**

Es ist erstaunlich, daß diese Einsichten in den letzten Jahrzehnten so sehr verloren gingen und Menschen eigentlich eher Bindungen scheuen, als sie zu suchen. Wirtschaftliche Unabhängigkeit in jungen Jahren vermittelt das Gefühl einer (Schein-)Freiheit, dergegenüber jede intensive Bindung risikoreicher und einengend zu sein scheint. Dabei ist niemand so gefährdet wie der vereinzelte Mensch: er ist politisch, wirtschaftlich und rechtlich wehrlos und psychisch anfällig.

Die Erziehung bereitet auf Liebesfähigkeit als Grundlage verantwortungsvoller Bindungen nicht vor. Sie scheint faktisch noch immer — unausgesprochen — von einer Unauflöslichkeit von Beziehungen auszugehen, zumindest was die Regel betrifft. Demgegenüber käme es heute darauf an, Menschen zu befähigen, Beziehungen aufzubauen und vor allem auch zu erhalten. Eine darauf abzielende Erziehung gibt es jedoch höchstens in Ansätzen und wahrscheinlich vor allem im privaten Bereich besonders erziehungsinteressierter Familien. Damit es nicht zur einen Glückssache wird und nicht dem Zufall überlassen bleibt, ob Kinder zu liebes- und bindungsfähigen Menschen heranwachsen, ist eine umfassende Liebeserziehung unerläßlich. Dem Elternhaus kommt hierbei ***die*** entscheidende Bedeutung zu, andere Erziehungseinrichtungen können dieses im Grunde nur ergänzen.

Liebeserziehung: warum – wohin?

Erziehung geschieht nicht im luftleeren Raum. Gesellschaftliche, politische, religiöse, wirtschaftliche und viele andere Faktoren beeinflussen den Erziehungsprozeß.

Es ist leicht, wie der Philosoph Schopenhauer einmal sagte, ***Moral zu verkünden***, jedoch schwer, sie auch zu begründen. Ich denke aber, was aus den Notwendigkeiten des Zusammenlebens heraus nicht begründet werden kann, das hat in unserer heutigen Zeit auch keinen Platz mehr, weil es nichts als Herrschaft, also Machtausübung, vielleicht noch Gedankenlosigkeit wäre. Bezogen auf unser eigenes Leben und natürlich auch auf unser Leben als Erziehende sollten wir uns stets darüber im klaren sein, daß es kein wertfreies Leben und damit auch keine wertfreie Erziehung gibt. Man sollte sich deshalb Gedanken darüber machen, welche Werte man mit welcher Begründung leben will. Wir alle geben unsere Werte an andere Menschen weiter, nicht nur durch Sagen, sondern vor allem durch Verhalten, also durch Handeln oder Unterlassen und durch Schweigen vielleicht noch stärker als mit Worten.

Und natürlich werden Werte auch durch die Art, wie sie vertreten und umgesetzt werden, entweder unterstrichen oder in Frage gestellt, und damit unglaubwürdig. Wenn ich mir beispielsweise überlege, mit welch unbeugsamer Härte, Strenge und Selbstgerechtigkeit sogar in christlichen Einrichtungen mitunter versucht wird, christliche Werte durchzusetzen, dann habe ich mich nicht nur einmal gefragt, welches Beispiel da für die inhaltliche Seite der formal durchgesetzten Werte gegeben wird. Für die

Liebeserziehung disqualifiziert man sich so natürlich selbst. Welche Werte können also gesetzt werden?

Erziehung wohin?

Ich denke, die Quelle aller Wertüberlegungen ist heute das demokratische Menschenbild und die ihm zugrundeliegenden Rechte und natürlich auch Pflichten. Das demokratische Menschenbild geht davon aus, daß alle Menschen gleichberechtigt und gleichverpflichtet sind, daß sie bei entsprechender Bildung in der Lage sind, die Gestaltung ihres Lebens selbst in die Hand zu nehmen. Da es sich vielleicht hochtrabend anhört, will ich es anhand von Beispielen konkretisieren. Alle Menschen haben ein Recht auf Leben, auf körperliche und seelische Unversehrtheit, auf Schutz vor Machtmißbrauch und Unterdrückung, um einige Rechte zu nennen. Was bedeuten diese Rechte bezogen auf die Liebeserziehung?

- Die Überlegungen zur Abtreibung lasen sich nicht vom Recht auf Leben trennen.
- Das Recht auf seelische Unversehrtheit berührt die Frage, ob es zulässig ist, einen Menschen zur Lustbefriedigung zu benutzen, und ihn damit mutwillig enttäuschenden Erfahrungen auszusetzen. Oder, um ein anderes Beispiel zu nennen, ob es zulässig ist, ihn in seiner seelische Empfindungskraft abzustumpfen, etwa durch die Verbreitung von Pornographie.
- Der Schutz vor Machtmißbrauch wird in unserem Zusammenhang relevant, wenn Vorgesetzte ihre Untergebenen zu sexuellen Handlungen nötigen.
- Der Schutz vor Unterdrückung wird in der Frage bedeutsam, wie ein Partner mit den Bedürfnissen des anderen umgeht.

Alles Beispiele, gewiß, aber sie sollen auch nur die Richtung verdeutlichen, um die es geht, wenn eigene Zielsetzungen durchdacht werden.

Und was bedeutet das Menschenbild, nach dem alle Menschen gleichberechtigt und -verpflichtet und in der Lage sind, selbst für sich zu entscheiden für den Bereich der Liebeserziehung? Ein Erziehender, der von diesem Menschenbild ausgeht, muß sich davor hüten, ein Kind zu indoktrinieren. Die Aufgabe ist vielmehr, es entscheidungsfähig zu machen. Das heißt dann beispielsweise:

- Entscheidungen treffen zu üben und Entscheidungsspielräume zu ermöglichen, aber auch nur Entscheidungen zuzumuten, die aufgrund des Informations- und Entwicklungsstandes bereits möglich sind.
- Alle Informationen weiterzugeben, die ich selbst als Erziehender habe bzw. mir erschließen kann (Beispiel: Jemand, der für sich selbst die

Entscheidung getroffen hat, Abtreibung sei moralisch vertretbar, handelt dennoch erziehungswidrig und manipulativ, wenn er Informationen zurückhält oder abwertet, die gegen diese Auffassung sprechen).

- Wertsetzungen dürfen nicht als absolut vorgegeben werden, die nicht im Sinne der Menschenrechte absolut sind (Beispiel: „Vorehelicher oder außerehelicher Geschlechtsverkehr ist moralisch unzulässig" wäre eine solche nicht aus den Menschenrechten ableitbare Wertsetzung. Damit ist freilich nicht gesagt, daß ein solcher Wert falsch ist. Wenn jemand diesen Wert für sich setzt, dieses lebt und vertritt, ist das in Ordnung. Wenn diese Wertsetzung einem anderen — und sei es dem eigenen Kind — aufgezwungen wird, unter Verheimlichung von Informationen über andere Werthaltungen, ist das erziehungswidrig im Sinne demokratischer Erziehung).

Bei allem sollten wir ehrlich bleiben: Werte oder Normen sollten begründbar sein. Was sich nicht rational begründen läßt, muß freilich deshalb noch nicht falsch sein. Es sollte aber um der Ehrlichkeit willen mit Glaubens- oder Gefühlsargumenten versehen werden. Diejenigen Werte, die nicht nur verbal vertreten sondern auch gelebt werden, haben die Chance, von jungen Menschen übernommen zu werden.

Vor diesem Hintergrund allgemeiner Wertsetzungen sind auch die der Sexualerziehung, besser der Liebeserziehung bzw. der Partnerschaftserziehung zu sehen, wie bereits anhand der aufgeführten Beispiele deutlich wurde. Wer meine Einstellung zu der allgemeinen Wertsetzung der Mitmenschlichkeit nicht teilt, wird auch meine Auffassungen über Zielsetzungen in der Liebes- bzw. Partnerschaftserziehung nicht akzeptieren können.

Freilich kommen noch Überlegungen über das Wesen des Menschen hinzu. Die Forschung zeigt nämlich sehr deutlich, daß der Mensch nicht nur ein individuelles, sondern mindestens im gleichen Maße auch ein soziales Wesen ist. Wird eine dieser beiden Komponenten vernachlässigt, wird der Mensch krank und stirbt vielleicht sogar. Es muß also in der Erziehung darum gehen, Menschen zu befähigen, sowohl ihre individuellen, als auch ihre sozialen Bedürfnisse zu erkennen und dementsprechend zu handeln.

Werte in der Liebeserziehung

Weitgehend unbestritten ist heute die Überzeugung, daß es nicht hinnehmbar ist, einen anderen Menschen leichtfertig oder gar vorsätzlich in seiner körperlichen Gesundheit etwa dadurch zu gefährden, daß schwere ansteckende Krankheiten verschwiegen werden, wobei ich in erster Linie an Hepatitis, an AIDS oder an Geschlechtskrankheiten denke. Übereinstimmen dürften die meisten Menschen aber auch darin, daß die Zeugung ungewollten und von den Beteiligten nicht akzeptierbaren neuen Lebens nicht riskiert werden darf, weil jedes Kind zu seiner gesunden Entwicklung liebevolle Annahme braucht. Dies beides reicht jedoch bei weitem als Wertsetzungen nicht aus. Vielmehr muß es um die Erziehung zu einem grundsätzlich ***liebevollem Verhalten*** gehen, das zum Maßstab für zwischenmenschliche Beziehungen wird. Es geht um ein Verhalten, das stets den ganzen Menschen meint, das von dem Bemühen um ***umfassende Zuwendung***, also von körperlicher, geistiger, seelischer und sozialer Zuwendung gekennzeichnet ist. Das ist ein Wertmaßstab, der nicht danach fragt (oder gar darüber urteilt), in welcher Rechtsform Menschen leben oder leben wollen, ob sie verschieden oder gleichgeschlechtlich, alt oder jung, gleichaltrig oder unterschiedlichen Alters sind, sondern nur auf die ***Mitmenschlichkeit***, auf das liebevolle Verhalten dazu entscheidungsfähiger Menschen abhebt, auf ein Verhalten, das in die Arme schließt, aber nicht einschließt. Demgegenüber ist ein Verhalten, das andere Menschen benutzt und ausnutzt geradezu als pervers, als abartig zu bezeichnen. In meinem Buch „Das Buch vom Lieben und Geliebtwerden" beschrieb ich Menschen, die im Gegenüber lediglich ein Mittel zur Befriedigung ihrer Triebansprüche und ihres Erfolgs- und Leistungsstrebens sehen, als pervers. Pervers sind für mich „... auch diejenigen, die Gewalt anwenden, um sexuelle Befriedigung zu erreichen, die ihre Partner durch Alkohol oder Drogen willenlos oder willensschwach machen, die Depressionen eines Menschen ausnutzen oder auch ihre politische oder wirtschaftliche Machtposition benutzen, um sexuelle Gefügigkeit zu erreichen, die Pornofilme verbreiten oder anderweitig menschliche Sexualität wirtschaftlich ausbeuten. ... Das sind die Abartigen unserer Gesellschaft, auch wenn solches Verhalten nicht bestraft, von vielen unreifen Männern und Frauen sogar bewundert wird und teilweise sogar staatliche Duldung genießt." (Seite 65)

Wesentlich scheint mir in diesem Zusammenhang ein Hinweis auf die ***Ehrlichkeit*** zu sein. Natürlich kann Ehrlichkeit auch unmenschlich und verletzend sein. Darauf will ich nicht näher eingehen, sondern auf ein Verhalten verweisen, das nur tut, was es meint. Dazu gehört unbedingt die wahrheitsgemäße Antwort auf die Frage, ob man liebe ebenso wie die Forderung, sich nur so zu verhalten — zum Beispiel beim Küssen — wie man es auch meint, das bedeutet, weder beim Reden noch beim Handeln unaufrichtiges Verhalten zu zeigen.

Bei alledem müssen sich Erziehende sehr vor der Manipulationsfalle hüten. Es ist nicht die Aufgabe, einen jungen Menschen auf bestimmte Fallbewertungen festlegen zu wollen, sondern mit ihm gemeinsam zu überlegen, was in konkreten Situationen beispielsweise ausbeuterisch, erpresserisch, egoistisch, unehrlich oder eben andererseits auch mitmenschlicher oder sozialer wäre.

Bei der Wertsetzung im Bereich der Liebe kann es also in der Regel nicht um eine Setzung von generell richtigen Verhaltensweisen gehen. Gleiches zu tun kann im einen Fall sittlich nicht nur zulässig sondern geboten sein, im anderen dagegen verwerflich. Hier Beurteilungsmaßstäbe neu zu entwickeln und vor allem auch zu vermitteln, scheint mir eine wichtige Aufgabe der Liebeserziehung zu sein. Dabei ist es meines Erachtens unerläßlich, darauf zu achten, daß wir in einer pluralistischen Gesellschaft leben, in der es in einem besonderen Maße darauf ankommt, das Verbindende in der Wertsetzung hervorzuheben, zumal Wertsetzungen in jedes Handeln einfließen und es durchdringen.

Ziele der Liebeserziehung

Wenn von Liebe erst dann gesprochen werden kann, wenn in einer Beziehung die emotionale Bindung, Sexualität und der Wille zur Bindung basierend auf dem Wissen um Gemeinsamkeiten und Unterschiedlichkeiten, sowie Verläßlichkeit und anderes zusammenfließen, dann muß Liebeserziehung doch wohl Kindern und Jugendlichen helfen, lieben zu lernen, d. h.:

- über Sexualität Bescheid zu wissen,
- Gefühle zuzulassen, zu erkennen und zu werten aber auch zu pflegen, sowie
- zu wissen, wann eine Beziehung die Chance der Beständigkeit hat, was also die Voraussetzungen für Entscheidungen sind und schließlich
- in der Lage zu sein, auch in gefühlsdichten Situationen Entscheidungen im wahrsten Sinn des Wortes treffen zu können.

Ich habe an anderer Stelle bereits verdeutlicht, daß wir eigentlich etwas sehr Theoretisches tun, wenn wir die Liebeserziehung aus der Gesamterziehung lösen und sie gesondert beschreiben. In der Praxis des Erziehungsalltags ist das nicht möglich, sie bleibt vielmehr stets eingebettet und verwoben. Trotzdem ist ein solches Vorgehen sinnvoll, um einzelne Teile besser erklären und verstehen zu können.

Die Verwobenheit der Liebeserziehung mit der Gesamterziehung wird deutlich, wenn man sich Teilbereiche vor Augen hält. Es wird klar werden, daß solche Teilbereiche nicht nur für die Liebesfähigkeit eines Menschen, sondern ebenso für andere Lebensbereiche bedeutsam sind.

In meinem „Buch vom Liebhaben", das ich für acht- bis zwölfjährige Kinder schrieb, habe ich einen Abschnitt aufgenommen, der folgende Kapitel umfaßt: Kuscheln und Streicheln, Helfen und Beschützen, Rücksicht und Verantwortung, Zanken und Vertragen, Zuhören und Erzählen, Spielen und Spaßhaben, Teilen und Verzichten, Wünschen und Schenken, Mithelfen und Mittun, Annehmen und Vertrauen. Aus diesen Überschriften soll deutlich werden, was ich meine: all das ist für eine Liebesbeziehung unerläßlich, aber jedes einzelne eben auch für andere Lebensbereiche von Bedeutung. Zum Beispiel muß ein Hausmeister verantwortungsbewußt im Winter die Straße fegen und streuen, damit niemand zu Schaden kommt. Mit Liebe hat das jedoch nur sehr begrenzt zu tun. Verantwortung ist unerläßlicher Bestandteil einer Liebesbeziehung, aber sie ist nicht Liebe.

Wenn wir uns fragen, was einen liebesfähigen Menschen ausmacht, was also das Ziel einer Liebeserziehung umfaßt, so wird die Antwort sicher lückenhaft bleiben. Anfang der 70ger Jahre habe ich erstmals versucht, solche Aussagen zu formulieren, die ich dann immer weiter überarbeitete. In dem Begleitheft zum „Buch vom Liebhaben" habe ich 1981 ausgeführt, daß es bei der Liebeserziehung um mehr geht als um die „Informiertheit über den eigenen und den andersgeschlechtlichen Körper, über sexuelle Reaktionen und biologische Abläufe und deren Beeinflußbarkeit", nämlich darum

- den eigenen Körper in seiner besonderen Art annehmen und akzeptieren zu können,
- sexuelle Bedürfnisse zu erkennen und zu bejahen,
- fähig zu gefühlsmäßigem Erleben zu sein, und solche Gefühle anderen mitteilen zu können,
- über Sexualität sprechen zu können,
- fähig zu sein, eigene Bedürfnisse und Wünsche nach Befriedigung auch rational zu kontrollieren,
- Rücksicht nehmen zu können,
- vertrauensfähig zu sein,
- eigene Ängste und Hemmungen zu erkennen und gegen sie angehen zu können,
- die eigene Verantwortung zu erkennen und zu bejahen, die der soziale Charakter der Sexualität erfordert und entsprechend zu handeln,
- Respekt vor anderen Menschen und deren Entscheidungen zu haben,
- zu selbständigem Urteilen und Entscheiden fähig zu sein,
- die Gleichwertigkeit der Geschlechter anzuerkennen und zur Veränderung von Rollenklischees bereit zu sein.

Heute möchte ich noch einiges ergänzen, ich werde das im Laufe des Buches tun. Dennoch macht diese Zusammenstellung bereits eines deutlich: Sie ist auch eine Erweiterung der Wertdiskussion, und sollte sich im Idealfall zu einer Lebenshaltung verdichten können, die sicher nie auf einen einzelnen Menschen gerichtet ist. Wenn jemand von sich behaupten sollte, er liebe nur seine Frau und seine Kinder und sonst niemanden, dann liebt er wahrscheinlich höchstens sich selbst, alle anderen sind Staffage zur Selbstdarstellung.

Was bisher über die Ziele der Liebeserziehung ausgeführt wurde, darf nicht zu einer Verabsolutierung der Liebe in zwischenmenschlichen Beziehungen führen. Es muß, wie dargelegt, um die Befähigung gehen, die Qualität von Beziehungen richtig einzuschätzen und Liebesbeziehungen aufbauen und erhalten zu können. Liebe kann und darf dagegen nicht zum Maßstab der Zulässigkeit von Beziehungen gemacht werden. Das würde dazu führen, Menschen zu entmündigen und willkürliche Machtstrukturen zu erhalten. Deshalb möchte ich betonen, daß natürlich eine Beziehung auch und gerade junger Menschen nicht nur dann eine Berechtigung hat, wenn alle von mir als zu Liebe gehörigen Teile voll gesehen und gelebt werden. Das gibt es gar nicht und vor allem nie am Beginn einer Beziehung. Jeder Teilbereich kann für die Beteiligten durchaus Eigenwert und Anspruch darauf haben, gelebt zu werden. Wichtig allein ist, daß der Mensch lernt, um das Ganze zu wissen und Teile nur insoweit zu leben, wie er selbst dazu stehen kann und wie es seine Achtung vor sich selbst und dem anderen Menschen gebietet. In Liebesbeziehungen, auch in werdenden, ist alles erlaubt, was sich die beiden Beteiligten erlauben, wozu sich beide entschieden haben, nur sollten sie sich unter Berücksichtigung aller genannten Bereiche wirklich entschieden haben und nicht überredet, manipuliert oder gezwungen worden sein. Ich spüre förmlich den Einwand, dies sei doch für junge Menschen eine zu hohe Zielsetzung. Meine Erfahrung lehrt mich, daß Erwachsene keineswegs stets überlegter in Beziehungen eintreten und mein Wissen sagt mir, fußend auf den Erkenntnissen der Sexualforschung, daß wir, die wir für die Erziehung junger Menschen Verantwortung tragen, überhaupt keine Wahl haben. Beziehungen werden aufgenommen, ohne die Erwachsenen zu fragen aber es liegt in der Hand der Erwachsenen, wie diese Beziehungen gestaltet werden ***können***. Ich meine, Eltern müssen ihren Kindern dazu verhelfen, daß sie später in der Lage sind zu erkennen, was jeweils mit ihnen los ist,

- ob sie lieben, verliebt oder sexuell angesprochen sind und, was ebenso wichtig ist,
- ob sie geliebt werden,

Und sie müssen lernen, daß Liebe nicht ist, sondern wird und nur die Chance hat zu bestehen, wenn sie bewußt gepflegt wird.

Erziehung und eben auch Liebeserziehung ist ein mit dem Alter der Kinder stets fortschreitender Prozeß. Im Grunde ist alle Erziehung mit einem auf der Spitze stehenden Dreieck vergleichbar. Sie beginnt an einem Punkt, verbreitert dann das Wissen und die Verhaltenssicherheit des Kindes mehr und mehr in Richtung auf das gesetzte erzieherische Ziel hin. Und sie endet wie alle Erziehung spätestens mit der Volljährigkeit und setzt sich dann aber immer noch als Beratung und Selbsterziehung fort, ein hoffentlich lebenslanger Prozeß.

Liebeserziehung als Aufgabe aller Erziehenden

Liebeserziehung in diesem umfassenden Sinn können Eltern sicher nicht alleine leisten, dazu ist die Aufgabe zu vielfältig und in Teilen sicher auch zu kompliziert. Darüber hinaus hielte ich es aber auch nicht für wünschenswert. Eigentlich nur sehr konservative am Gestern orientierte gesellschaftliche und politische Kräfte fordern, daß Sexualerziehung ausschließlich Aufgabe des Elternhauses sein solle. Natürlich wissen sie ganz genau, daß sich dann wenig verändert. Wie sollten auch Eltern ohne Unterstützung von außen eine veränderte Erziehung verwirklichen? Schließlich wird doch Erziehung nirgends gelehrt, so daß gar nichts anderes übrig bleibt, als in weiten Teilen so zu erziehen, wie man selbst erzogen worden ist. Dies aber wäre fatal, weil sich die Welt, in der wir leben, verändert und es deshalb eben auch einer veränderten Erziehung in allen Bereichen bedarf. Während früher sexuelles Verhalten und Zusammenleben der Geschlechter durch Konvention und Sitte, wirtschaftliche, soziale und rechtliche Zwänge, aus denen der Einzelne kaum ausbrechen konnte, geregelt war, ist davon heute nicht mehr viel übrig. Im sexuellen Verhalten, bei der Partnerwahl und beim Zusammenleben in Paarbeziehungen ist der Einzelne heute weitgehend auf sich selbst, seine eigenen Vorstellungen und Entscheidungen angewiesen. Natürlich gibt es rechtliche und andere Absicherungen, aber ob er sie beanspruchen will, liegt wiederum in der Entscheidung jedes einzelnen Menschen selbst. Und eben zu diesen Entscheidungen muß er befähigt werden, damit er nicht scheitert. So gesehen ist also eine politische Haltung, die auf das Elternhaus als allein zuständige und allein die Verantwortung tragende Einrichtung verweist, im Grunde verantwortungslos. Vielmehr müssen alle erzieherischen Einrichtungen mithelfen, junge Menschen Schritt für Schritt entscheidungs- und handlungsfähig zu machen. Natürlich kommt dabei dem Elternhaus eine herausragende Position zu. Schließlich sind es die Eltern, die ihr Kind in den ersten wichtigen Lebensjahren weitgehend allein prägen und die später so etwas wie eine koordinierende Funktion haben. Nur in der Familie kann darüber gesprochen und diskutiert werden, was anderenorts an Kinder und

Jugendliche bewußt oder unbewußt herangetragen wird und an den Werten und Einstellungen eben dieser Familie gemessen werden. Mehr von Familie zu verlangen, hieße sie alleine zu lassen. Denn welche Familie könnte schon beispielsweise wirklich fundiert Auskunft über die verschiedenen rechtlichen Konsequenzen unterschiedlicher Formen des Zusammenlebens oder über die körperlichen und seelischen Folgen verschiedener Möglichkeiten der Geburtenregelung oder über den jeweiligen Stand der AIDS-Forschung, um nur einige Beispiele zu nennen, geben. Nein, Erziehung insgesamt und eben auch Liebeserziehung kann Eltern nicht alleine vorbehalten oder angelastet werden, freilich können und dürfen Eltern auch nicht übergangen werden, weil sie sonst die entscheidend wichtige Koordinierungsaufgabe nicht erfüllen können.

Das Erlebnis lustvoller Geborgenheit – etwas Psychologie für den Alltag –

Seit Sigmund Freud ist viel über die sexuelle Entwicklung des Menschen geschrieben worden, Kluges und Fragwürdiges. Ich will das weder wiederholen noch werten, sondern unter erzieherischen Aspekten auswerten. Denn was Psychologen an seelischen Zusammenhängen erkennen, erfordert zunächst noch nicht unmittelbar und zwangsläufig ein bestimmtes erzieherisches Verhalten. Vielmehr ist es im Zweifelsfall immer möglich, unterschiedliche Konsequenzen aus psychologischen Erkenntnissen zu ziehen.

Sexualität ist Lustbedürfnis

Jeder Mensch ist von der ersten Sekunde seines Lebens bis zur letzten ein durch seine Sexualität entscheidend mitgeprägtes Wesen. Jedoch ist die Äußerung der Sexualität keineswegs stets gleich. Sie verändert und entwickelt sich. Stets drückt sich Sexualität in einem Streben nach Lusterleben aus. Das ist ganz wichtig zu wissen, weil die Gedanken sonst Irrwege gehen und kindliches Verhalten oft nicht mehr versteh- und erklärbar wäre. Sexualität darf aber gerade nicht mit Fortpflanzung, also mit Zeugung, Schwangerschaft und Geburt gleichgesetzt werden. Natürlich ist der Zusammenhang gegeben insofern, als der erwachsene Mensch „weiß", daß er ein starkes Lustgefühl zum Beispiel durch Geschlechtsverkehr erreichen kann. Dieses Mittel zum Lustempfinden hat gleichzeitig eine zweite Funktion, die Möglichkeit zur Fortpflanzung. Generell jedoch ist sexuelles Lustempfinden für den erwachsenen Menschen auf vielfältige andere

Weise mehr oder weniger stark erlebbar, völlig unabhängig von der Zeugung oder von Zeugungsbegehren: beim Küssen, beim Streicheln, beim Onanieren, beim oralen Verkehr, bei der homosexuellen Begegnung, um nur einige Beispiele zu nennen. Wenn wir das wissen, dann wird auch einsehbar, daß selbst kleinste Kinder sexuelle Lustbedürfnisse und -empfindungen haben und unter Umständen Erfahrungen sammeln, wie sie diese Lustempfindungen fördern können. Das ist völlig unabhängig von der Zeugungsfähigkeit.

Um es zu wiederholen: Sexuelles Lustempfinden und Zeugung sind verschiedene Vorgänge, die freilich miteinander verbunden sein können.

Mit dem sexuellen Lustempfinden ebenfalls verbunden, aber nicht deckungsgleich ist das starke soziale Bedürfnis des Menschen. Unser Bedürfnis, sexuelle Lust zu erleben, zieht uns immer wieder zu anderen Menschen hin, unbewußt oder weil wir die Erfahrung machen, daß sexuelle Lust mit anderen Menschen gemeinsam erlebt besonders intensiv sein kann. So wird unser sexuelles Lustbedürfnis geradezu zur Triebfeder, Kontakte mit anderen Menschen zu suchen und aufzunehmen. Freilich zielen diese sozialen Kontakte keineswegs nur auf sexuelle Lustbefriedigung. Vielmehr haben sie einen Eigenwert, da unser individuelles Leben vielfältig bereichert, erweitert, geschützt und lustvoller wird.

Sexuelles Lustbedürfnis durchdringt unser Leben also vielfältig, ohne es stets zu beherrschen. Es ist Antrieb aber nicht unbedingt auch Ziel, es hat Eigenwert und ermöglicht Wert. Es ist grundsätzlich unabhängig vom Alter, aber es findet altersunterschiedliche Ausprägungen.

Sexuelle Entwicklung erzieherisch betrachtet

Sexuelles Lustempfinden und Bedürfnis ist in unterschiedlicher Ausprägung zu allen Zeiten menschlichen Lebens existent.

Wonnesaugen

Wenn der Säugling nach der Nahrungsaufnahme noch zufrieden vor sich hinnuckelt, dann tut er es eben gerade nicht, weil er aus Hunger weiter Nahrung saugen möchte, sondern weil das Nuckeln an sich für ihn schön und lustvoll ist. Er befriedigt ein Lustbedürfnis. Sein Lustempfinden ist in hohem Maße auf den Mund fixiert.

Hier wird schon etwas deutlich, worauf immer wieder hinzuweisen ist. Die Mundzone, die beim Säugling in ganz besonderem Maße lustbetont ist, behält auch später eine Bedeutung für sexuelles Lusterleben aber nicht mehr so speziell und schon gar nicht so ausschließlich, vielmehr kommen andere Lustbereiche hinzu.

Je näher, desto besser

Ganz besonders lustbesetzt ist die Haut, wobei manche Hautpartien, wie wir alle wissen, empfindsamer als andere sind. Die Haut eines anderen Menschen und seine Körperwärme wird oft als lustvoll erlebt. Das Streicheln der Haut wird als angenehmes Wohlgefühl erlebt. Das ist bei allen Menschen so, beim Kleinkind hat der Hautkontakt jedoch eine geradezu existentielle Bedeutung. Lange bevor der Verstand es fassen kann, wird über die Haut des Kindes ein Gefühl der Sicherheit, Geborgenheit, des Vertrautseins vermittelt. Es ist heute allgemein bekannt, wie wichtig für eine gesunde seelische Entwicklung des Kindes der Hautkontakt zur ***verläßlichen Bezugsperson***, in der Regel der Mutter und/oder dem Vater ist. Über die Haut vermittelt sich dem Kind zum großen Teil das, was als Urvertrauen bezeichnet wird, als die unbedingte, nicht verstandesmäßig erfaßte, gleichwohl unauslöschlich eingeprägte Erfahrung des Angenommenseins. Was viel zu wenig bekannt ist und viel zu wenig betont wird ist die Tatsache, daß von diesem Erlebnis des Urvertrauens in einem ganz entscheidenden Maße auch die spätere Liebesfähigkeit eines Menschen beeinflußt wird.

Für das kleinere Kind ist so etwas wie Liebe überhaupt nur da, wenn sie durch körperliche Nähe erfahren wird. Erwachsene können sich quer durch einen ganzen Raum hindurch die tollste Liebeserklärung machen und auch gefühlsmäßig davon berührt sein. Bezogen auf ein kleines Kind wäre gleiches unvorstellbar. Wer sich einige Meter entfernt vor sein Kind hinkniet und ihm sagt, daß er es ganz arg liebhabe, macht eine keineswegs erstaunliche Erfahrung: das Kind läuft auf den vertrauten Erwachsenen zu, schmiegt sich an ihn und schmust. Für das Kind ist Liebe überhaupt nur existent, wenn sie körperlichen Ausdruck findet.

Erzieherisch muß diese Erkenntnis Auswirkungen haben, denen freilich von Eltern völlig unbewußt gleichsam aus innerem Antrieb entsprochen wird: je mehr körperliche Nähe das Kind erlebt, desto besser die Voraussetzungen, selbstsicher und liebesfähig zu werden.

Je älter das Kind wird, desto mehr nimmt es die Liebe seiner Umgebung auch ergänzend anders auf, durch Worte, Gesten, Mimik oder auch Handlungen.

Selbstwertgefühl

In dem wunderschönen Bilderbuch von Knudsen, „Wie Vater und Mutter ein Kind bekommen", wird die ganze Handlung elementarbuchartig in einfachsten Zeichnungen festgehalten. Bei der Geburt kommt ein lachendes, die Arme weit ausbreitendes Kind mit groß geöffneten Augen aus der Scheide der Mutter, von einem sich freuenden Arzt und einem sich freuenden Vater erwartet. Das ganze Bild strahlt eine unbändige, vor allem von Kindern, empfundene Freude aus. Das Kind freut sich auf die Welt und die Welt freut sich auf das Kind! Ich denke, eine wichtige ergänzende Erfahrung des Gefühls körperlichen Angenommenseins.

Es wird einleuchten, welch katastrophale Folgen für das kindliche Selbstwertgefühl dagegen Erlebnisse des Nichtangenommenseins haben können. Ich erinnere mich an eine Frau, die an einem meiner Seminare teilnahm und äußerte, wie sie noch als erwachsene Frau unter einer Bemerkung ihrer Mutter einer anderen Frau gegenüber leidet. Die Mutter hatte geäußert, diese Tochter eigentlich gar nicht mehr gewollt zu haben. Und die Tochter wußte in dem Seminar zu berichten, wie sehr sie nach ihrer Empfindung stets in der Familie benachteiligt worden sei. Im nachfolgenden Gespräch wurde auch der Frau selbst deutlich, wie durch die seelische Verletzung, ausgelöst durch die unbedachte Äußerung der Mutter, von diesem Zeitpunkt an alles Verhalten der Mutter viel kritischer und im Grunde negativer interpretiert wurde.

Hier ist auch noch eine politische Bemerkung angebracht. Wie oft waren nicht früher Äußerungen zu hören wie „nur ein Mädchen" oder „eigentlich sollte es ein Junge werden". Dies haben natürlich auch die Mädchen mitbekommen: sie waren weniger geschätzt als Jungen, nicht so wichtig, nicht so bedeutsam. Solche Erfahrungen und Erlebnisse tragen dazu bei, das Selbstwertgefühl von Mädchen generell zu beeinträchtigen, eine der Wurzeln für die Unterlegenheit der Frauen in unserer Gesellschaft.

Zwischen Lust und Besitz

Um das zweite Lebensjahr herum entwickelt sich beim Kind eine weitere lustbestimmte Erlebnisweise: es empfindet Lust bei der Entleerung des Darmes. Dies zu wissen ist deshalb für Eltern wichtig, weil durch Erziehung die Lust- und Erlebnisfähigkeit des Kindes beeinflußt wird. Eine sehr strenge Sauberkeitserziehung, die Lust also dann nicht zuläßt, wenn das Kind sie eigentlich erstrebt, sondern ***Lusterlebnis an die Leistung des Behaltens, des Zurückhaltens*** bindet, stellt eben die Leistung über die Lust. Durch eine solche Erziehung werden im Grunde Werte gesetzt und verinnerlicht, lange bevor ein Mensch das reflektieren kann: Leistung und

Behaltenkönnen also Besitzstreben werden als herausgehobene Eigenschaften hingestellt, gleichzeitig lustbetontes Leben bestraft, also abgewertet. Beides wird später eben wegen der früher unreflektierten Verankerung im Unterbewußtsein kaum noch in Frage gestellt. Die Werthaftigkeit wird zur zweiten Natur. Natürlich ist das nicht der einzige Weg der Verankerung von Besitzstreben und Lustunterdrückung. Im späteren Leben kommen vielfältige Verstärkungen hinzu. Aber der Grundstein wird hier gelegt, je strenger eine Sauberkeitserziehung ist, desto massiver.

Nun haben früher hygienische und arbeitsökonomische Gründe das frühe Sauberwerden des Kindes wünschenswert erscheinen lassen. Im Zeitalter der „Pampers" können sich Eltern wieder mehr Großzügigkeit leisten. Sie können warten, bis das Kind von sich aus so weit ist, den Eltern etwas schenken zu wollen oder sich an das Verhalten der Großen anzupassen und dieses Streben ohne Härte unterstützen. Damit anerkennen sie die Lustbedürfnisse des Kindes, lassen sie zu, bis sie selbst an Wirkkraft nachlassen und vermeiden so die Unterdrückung von Lustbedürfnissen und damit die Einschränkung der Lustfähigkeit.

Lusterlebnis

Nach und nach lernen Kinder ihren eigenen Körper kennen. Zunächst stellt das Kind fest, daß es Körperstellen gibt, die sich angenehmer anfassen als andere. Je angenehmer das Gefühl ist, wenn eine bestimmte Körperstelle betastet wird, desto mehr neigt das Kind dazu, dies zu tun. Und so spielen sehr viele kleine Kinder höchst unbefangen mit ihren Sexualorganen und erleben das lustvoll. Eltern sind dann oft unsicher, ob sie das zulassen oder wie sie damit umgehen sollen. Warum sollten sie es nicht zulassen? Es schadet doch nicht wenn jemand seine Lustbedürfnisse befriedigt. Freilich muß ich diese Feststellung an anderer Stelle einschränken, dennoch gilt hier generell: die Befriedigung von Lustbedürfnissen ist ein höchst natürliches Anliegen, das nicht abgewertet werden sollte, wenn ein Mensch lustfähig bleiben, zu seinen Lustansprüchen stehen, und aus dieser Selbstverständlichkeit heraus dann auch Verhaltensregeln zu akzeptieren lernen soll. „Pfui" oder „Das tut man nicht" wäre völlig fehl am Platz.

Trotzdem muß jede menschliche Gesellschaft Grenzen setzen, Grenzen, die uns die Natur nicht mitgegeben hat, die aber erforderlich sind, um das menschliche Zusammenleben und Überleben zu sichern. Dazu später mehr!

Das Streben auch des kleinen Kindes nach sexueller Lust kann durchaus Formen annehmen, die als Onanie bezeichnet werden können und bei denen Kinder Erlebnisse haben, die als orgastisch bezeichnet werden können, also Gefühle der Spannung und anschließenden wohligen Entspannung.

Geschlechtsunterschiede: sie wollen es genau wissen

Kinder nehmen aber nach und nach die Unterschiede zwischen den Menschen wahr, Unterschiede des Aussehens und des Verhaltens. Sie sehen, daß der Vater anders aussieht als die Mutter und der Bruder oder die Schwester anders als sie selbst. Manche Eltern meinen nun, damit müßten dann die Kinder auch über den Unterschied der Geschlechter grundsätzlich Bescheid wissen. Das stimmt aber leider nicht.

Ich will versuchen, es einsehbar zu machen. Wir alle wissen, daß ein Kind, je jünger es ist desto mehr, alles durch Wiederholung lernt, durch immer neues Ausprobieren, Anhören, Schmecken, Anschauen, Ertasten. Dieses Wiederholen geht so lange, bis das Kind sicher ist, eine Sache zu kennen. Man denke nur daran, wie oft notwendige Gebote oder Verbote wiederholt werden müssen, bis das Kind sie nachvollzieht oder wie oft es immer wieder dieselbe Geschichte hören will, bis es jedes Wort kennt, wie oft ein und dasselbe Bilderbuch angesehen wird, wie langsam physische Gesetzmäßigkeiten begriffen werden (wann kippt der Bauklotzturm um?) und anderes mehr.

Ich möchte mir in diesem Zusammenhang einen grundsätzlichen Hinweis nicht verkneifen: Eben deshalb ist auch die Konsequenz in der Erziehung so wichtig. Gelernt wird nur, was sich unverändert wiederholt. Das gilt nicht nur für die begründeten Anordnungen bzw. Forderungen ***eines*** Erziehenden, sondern stets für eine ***Erziehungseinrichtung***. So müssen sich Eltern einig sein, was in ihrer Familie gelten soll ebenso wie zwei Erzieherinnen in einer Kindergartengruppe. Wenn Forderungen nicht unverändert gelten, solange, bis sie aufgehoben werden können, weil das Kind nunmehr selbst richtig entscheiden kann, weiß daß Kind nicht was gilt. Es wird total verunsichert, es weiß nicht, woran es sich halten kann. Ich wage die Behauptung, daß mindestens 90% heutiger Erziehungsschwierigkeiten auf mangelnde Konsequenz in der Erziehung zurückzuführen sind. Das heißt nicht, es dürfe keine Ausnahmen geben. Jedoch kann es keine stillschweigenden Ausnahmen geben, sondern stets nur benannte und mit Gründen versehene.

Zurück zu den Geschlechtsunterschieden: bis ein Junge das Gesetz „so sehen Mädchen aus“ , bzw. ein Mädchen „so sehen Jungen aus“ begriffen und damit verinnerlicht haben, müssen viele Kinder des anderen Geschlechts genau und ungestört angesehen werden, bei sogenannten Doktorspielen oder eben auch zum Beispiel auf der Toilette im Kindergarten. Wenn dann eines Tages begriffen wurde, daß alle Mädchen/Jungen gleich aussehen, dann hört auch das Interesse an den Doktorspielen auf. Je früher das ist, desto besser, weil Kinder mit dem Schuleintritt meistens so viele aufregende Neuigkeiten in und außerhalb der Schule erleben, daß sie das Bedürfnis, das andere Geschlecht kennenzulernen, bis dahin gestillt haben sollten. Ich fürchte, sie würden sonst keine oder zu wenige Gleichaltrige mit gleichen Interessen finden und dann oft an ältere in der sexuellen Entwicklung zurückgebliebene oder fehlentwickelte Kinder, Jugendliche eventuell sogar Erwachsene geraten.

„Doktorspiele" sind notwendig, um über das andere Geschlecht Bescheid zu wissen, nicht theoretisch, sondern wie bei allem anderen auch höchst lebensnah. Und wenn eine Erzieherin im Kindergarten diese Spiele zuläßt, dann tut sie etwas höchst Vernünftiges. Eltern sollten ihr dankbar sein. Leider gibt es immer noch sehr unvernünftige Eltern, die einer aufgeschlossenen Erzieherin das Leben schwer machen.

Übrigens ist es sehr wichtig, daß beide Geschlechter um die eigene und die andere Vollständigkeit wissen. Unterlegenheitsgefühle von Frauen in unserer Gesellschaft haben eben auch darin ihre Ursache, daß sie sich in frühester Kindheit als „nichthabend" erlebten, ihnen fehlte etwas, was andere hatten. Und was sie selbst hatten, ließ sich nicht vorzeigen. Nur wenn beide, Junge wie Mädchen, richtig Bescheid wissen, wobei es in einer „Haben-Gesellschaft" (Fromm) wie der unseren wichtig sein kann, den habenden Jungen etwas in seiner Überheblichkeit zu dämpfen und das nichthabende Mädchen besonders in seiner Bedeutung hervorzuheben. Das ist auch ein politisches Anliegen, neben der erzieherischen Selbstverständlichkeit.

Das erste Liebesobjekt: Vater – Mutter

Wenn sie etwa sechs Jahre alt werden, kommen Kinder in den von Freud als „ödipale Phase" bezeichneten Entwicklungsabschnitt. Kurz gefaßt kann man sagen, der gegengeschlechtliche Elternteil wird das erste Liebesobjekt des Kindes. Das Mädchen verliebt sich in den Vater, der Junge in die Mutter. Wieder ist der Junge in unserer Gesellschaft „bevorzugt". Er kann sich gefahrlos in die Mutter verlieben und dem Vater eher ablehnend begegnen, weil die Mutter, von Ausnahmen abgesehen, zu Hause ist, der Vater dagegen den größten Teil des Tages abwesend. Das Mädchen hat es da entschieden schwerer. Die Mutter, mit der es den ganzen Tag zusammen ist, abzulehnen, kann es sich kaum leisten.

Diese Phase ist einerseits sehr wichtig für die weitere Entwicklung, weil das Kind gleichsam die Bindung an das andere Geschlecht probt und besonders für die Andersartigkeit sensibilisiert wird. Gleichzeitig identifiziert es sich mit seiner weiblichen/männlichen Rolle, die es wiederum vom gleichgeschlechtlichen Elternteil übernimmt. Andererseits ist die Phase aber auch nicht unproblematisch, weil Eltern alles vermeiden sollten, was die einseitige Bindung an den gegengeschlechtlichen Elternteil fördert. Sie würden sonst die Ablösung des Kindes von den Eltern erschweren. Wer kennt nicht jene Eltern-Kind-Beziehungen, wo die Mutter noch nach dem erwachsenen Sohn schaut und gleichsam die Schwiegertochter „überwacht", was dem Sohn häufig — emotional — nicht unlieb ist. In solchen Partnerschaften ist die Krise vorprogrammiert. Frauen sollten sich sehr überlegen, ob sie sich in eine solch problematische Dreiecksbeziehung hineinbegeben wollen. Freilich gibt es solche engen Bindungen auch zwischen Tochter und Vater. Sie führen oft dazu, daß die Tochter den Absprung in die eigene Beziehung nicht schafft.

Ich kenne eine Frau, die ihr ganzes Leben lang in ihren sehr einfühlsamen Vater verliebt war. Das Verhältnis zur eher herben Mutter war demgegenüber recht distanziert. Die enge Bindung an den Vater, der seine Tochter nicht losließ, sondern stets um sich wissen wollte, ließ Fremdbeziehungen nicht zu. Unglücklicherweise wurde der Vater über neunzig Jahre alt. Als er starb, war die Tochter ihrerseits fast sechzig Jahre alt, sie lebte und litt in Einsamkeit.

Es passiert nichts – oder doch?

Freud meinte, das Alter zwischen sechs Jahren und dem Beginn der Pubertät als Latenzzeit bezeichnen zu können. Er meinte damit, daß das sexuelle Interesse der Kinder in diesem Lebensabschnitt deutlich nachlassen würde. Dies ist so sicher nicht richtig. Sexuelle Dinge sind in dieser Zeit nur dann weniger interessant, wenn das Wissens- und Erfahrungsbedürfnis vorher gestillt wurden. Zudem wird das Interesse wohl meistens eher überlagert, als daß es nachläßt. Man stelle sich doch einmal vor, was der Schuleintritt für ein Kind bedeutet: ungeheuer viele neue Eindrücke, viele neue Wissensgebiete und Fertigkeiten und nicht zuletzt eine enorme Ausweitung des Freiheitsspielraums, weil man erstmals im Leben der elterlichen Aufsicht wirklich „entronnen" ist und selbständig die Umwelt erforscht. Daß bei dieser Fülle neuer Lebensmöglichkeiten die Sexualität zeitweise überlagert wird, mag einsichtig sein. Sie bleibt aber aktuell: das, was früher versäumt wurde, muß nachgeholt werden. In diesem Sinne sind Kinder, die Wissens- und Erfahrungslücken haben in diesem Alter besonders gefährdet, Lücken mit Älteren zu füllen.

Pubertät: Lust und Last

Über die Pubertät sind Bücher gefüllt worden. Ich werde mich hüten, über das Thema dieses Buches hinauszugehen. Pubertät spreche ich nur im Zusammenhang mit sexueller Entwicklung an. Was ist Pubertät?

Die Pubertät oder das Jugendalter, wie dieser Entwicklungsabschnitt junger Menschen auch genannt wird, verläuft sehr unterschiedlich. Er hat nichts mehr mit der gesetzlich festgelegten Zeit zwischen 14 und 18 Jahren zu tun. Früher war dies sicher annähernd deckungsgleich, heute setzt die pubertäre Entwicklung junger Menschen früher ein. Der Gesetzgeber hinkt also der tatsächlichen Entwicklung hinterher.

Der Beginn der Pubertät liegt etwa zwischen dem elften und zwölften Lebensjahr, manchmal aber auch viel früher, mit neun bis zehn Jahren, manchmal auch viel später, mit 14 bis 15 Jahren. Alles ist „normal". Bei den Mädchen beginnt sie durchschnittlich früher. Aber was heißt das schon? Der einzelne Junge kann durchaus früher als ein einzelnes Mädchen in die Pubertät kommen.

Die Pubertät wird dadurch ausgelöst, daß die Hirnanhangdrüse auf die Keimdrüsen einwirkt, die dann mit der Produktion der Sexualhormone verstärkt beginnen, und zwar werden bei Jungen etwas mehr männliche Hormone, bei den Mädchen vielmehr weibliche Hormone gebildet. Alle Menschen haben männliche und weibliche Hormone in unterschiedlicher Mischung. Daraus wird deutlich, daß niemand von den Hormonen her eindeutig und ausschließlich Mann oder Frau ist. Abgesehen von den körperlichen Unterschieden gibt es deshalb auch wenig Eigenschaften, die als typisch männlich oder weiblich zu bezeichnen wären.

Die alte Diskussionen darüber, ob Verhalten und Befähigungen eines Menschen überwiegend von den Anlagen, also dem, was von den Eltern vererbt wurde, bestimmt oder aber durch die Erziehung geprägt wird, kann auch heute nicht eindeutig entschieden werden. Alle Menschen haben Anlagen „ererbt". Diese Anlagen werden durch die Erziehung gefördert, unterdrückt oder nicht beachtet. Sie entfalten sich deshalb unterschiedlich. Wenn ein Kind beispielsweise unmusikalisch ist, dann muß das nichts mit den Anlagen zu tun haben. Vielleicht sind die durchaus vorhandenen Anlagen nur nicht hinreichend gefördert worden. Die Entfaltung von Anlagen geschieht natürlich auch nicht ausschließlich durch Außeneinflüsse, sondern ebenso durch den Menschen selbst. Viele Anlagen werden eben dadurch entwickelt, daß ein Mensch — gleich in welchem Lebensalter — den Wunsch dazu verspürt.

Übrigens hat die hormonelle Ausstattung eines Menschen auch nichts damit zu tun, wie er seine Sexualität lebt, ob er zum Beispiel homosexuelle oder heterosexuelle Vorlieben entwickelt. Homosexualität entwickelt sich. Die Gründe dafür sind weitgehend unbekannt, weshalb sich diese Entwicklung auch der gewollten Einwirkung entzieht. Ansonsten aber prägen die Hormone natürlich alle Menschen in körperlicher und seelischer Hinsicht. Sie lösen die Entwicklung des Mädchens zur Frau, und des Jungen zum Mann aus. Sie verändern das Aussehen, die Konstitution und die seelischen Empfindungen, was wiederum Rückwirkungen auf die Umwelt und das soziale Verhalten hat.

Die körperliche Entwicklung ist um das 16. Lebensjahr abgeschlossen, mitunter freilich auch früher oder später. Die seelische Entwicklung dauert dagegen sehr viel länger. Sie ist in der Regel keineswegs mit der gesetzlichen Volljährigkeit abgeschlossen. Bedingt durch soziale Verhältnisse der Selbständigkeit oder der fortdauernden Abhängigkeit von den Eltern kann sie bis in die zwanziger Jahre hinein dauern.

Pubertät ist keine in sich geschlossene Phase, sondern eine vielfach unterteilbare, mit unterschiedlichen Wichtigkeiten. Während die Kindheit vom Kennenlernen des Bestehenden gekennzeichnet war, geht es in der Pubertät oder im Jugendalter um die Auseinandersetzung mit dem Bestehenden, dem Vorgefundenen. Es geht darum, eigene Maßstäbe zu entwickeln und in ein eigenes Verhalten umzusetzen.

Zunächst ist Pubertät Rückzug aus der Familienliebkosung, also Rückzug von der emotionalen Gemeinschaft Familie. Dies ist notwendig, um frei zu werden für neue Bindungen an Menschen außerhalb der Familie. Der eigene Körper wird abgeschirmt, Nacktheit anderer Familienmitglieder gemieden, der Austausch von Zärtlichkeiten geht zurück, Werte der Familie werden infrage gestellt und abgelehnt.

Gleichzeitig bekommt die eigene Person eine enorme Wichtigkeit. Der Spiegel wird zum wichtigen Partner: wie sehe ich aus, wie entwickle ich mich, wie will ich aussehen? Vorbilder außerhalb der Familie erlangen eine besondere Bedeutung.

Auch das Erproben der eigenen Sexualität wird wichtig. Heimliche oder offene Vergleiche der Entwicklung der Sexualorgane mit gleichgeschlechtlichen Jugendlichen, Selbstbefriedigung, gemeinsame sexuelle Erfahrungen im gleichen Geschlecht, was nichts mit Homosexualität, sondern eher mit Vergleich zu tun hat: bin ich wie der/die andere?

Natürlich werden auch der Aufbau und die Lösung von Beziehungen erprobt. Da das andere Geschlecht trotz gemischtgeschlechtlicher Klassen in der Schule oft noch zu fremd erscheint, werden erste Kontakte im eigenen Geschlecht gesucht. Hier wird schlicht Kontakt geprobt, die partnerschaftliche Beziehung geübt. Das können auch sehr dichte Gefühlsbeziehungen sein, was von den Mädchen auch nicht verheimlicht wird, während die Jungen in unserer Gesellschaft aufgrund überkommener Wertungen Schwierigkeiten haben, sich in den Arm zu nehmen oder gar zu küssen. Allzutief sitzt das Vorurteil gegenüber der Homosexualität. Jede liebevolle Gefühlsäußerung, jede emotionale Bindung unterliegt der Diskriminierung.

Deshalb knuffen sich Jungen untereinander lieber, als sich in den Arm zu nehmen, es bedeutet im Grunde das Gleiche. Wie gut haben es da doch beispielsweise die Orientalen, die keine Schwierigkeiten mit der emotionalen Seite von Männerfreundschaften kennen.

Der nächste Schritt sexueller Entwicklung in der Pubertät ist das Bemühen, Beziehungen zum anderen Geschlecht zu erproben. Diese ersten Beziehungen sind in der Regel sehr ichbezogen: man sucht im Grunde jemanden, die/der einen liebt. Aber natürlich sind das auch wieder Beziehungen des Vergleichens: was gefällt mir, was kann ich an dem anderen Geschlecht nicht verstehen? Je mehr unterschiedliche Beziehungen aufgebaut und gelöst werden, desto größer wird auch die Erfahrung und das Wissen darüber, was für eine eigene dauerhafte Beziehung unerläßlich wäre. Pubertätszeit ist eine Lernzeit, Erprobungszeit, Fehlerzeit, aber gerade, weil man hier noch Fehler machen kann, die das „Netz" der Familie oder der gleichaltrigen, gleichgeschlechtlichen Gruppe wieder auffängt, ist es so wichtig, auch die Gelegenheit für Fehler zu haben, also nicht eingeengt oder eingesperrt zu werden. Fehler müssen zulässig sein. Jugendliche müssen die Erfahrung machen, daß Fehler in den Augen der Eltern zwar Fehler bleiben und nicht beschönigt werden, daß sie aber als selbstverständlich akzeptiert und besprochen werden können.

Zusammenfassung

Ich hätte das vorstehende Kapitel auch mit „Sexualität und sexuelle Entwicklung" überschreiben und mich darauf beschränken können, Fakten auszuführen. Jedoch schreibe ich ein Erziehungsbuch, in dem ich aufzuzeigen hoffe, daß der Mensch immer und zu jeder Zeit ein körperliches, seelisches, geistiges und soziales Wesen ist. Es ist also gar nicht möglich, für das nachvollziehende Verstehen aber erschwerend, die genannten Bereiche getrennt voneinander abzuhandeln. Alles geht ineinander über. Deshalb habe ich mich entschlossen, körperliche, geistige, seelische und soziale Vorgänge gemeinsam zu beleuchten und darüber hinaus erzieherische Gedanken einzuflechten. Sie sollen die Verbindung zu den folgenden Ausführungen herstellen, wenn es darum geht, entwicklungsmäßige Gegebenheiten, soziale Erfahrungen und Wertsetzungen in der Praxis einer Liebeserziehung zusammenlaufen zu lassen.

Liebeserziehung im Alltag

Es ging mir in meinen bisherigen Ausführungen darum, die Voraussetzungen einer Liebeserziehung zu beschreiben und zu begründen. Jetzt soll es um die Verwirklichung im Erziehungsalltag gehen. Wie läßt sich Liebeserziehung bei Kindern und Jugendlichen unterschiedlichen Alters verwirklichen? Was ist in welchem Alter und warum richtig? Das sind die Fragen, auf die ich nun eingehen werde.

Ich werde mit der sogenannten „Aufklärung" beginnen. Dies nicht etwa deshalb, weil ich davon überzeugt wäre, sie sei der wichtigste Teil der Liebeserziehung. Jedoch besteht trotz der „sexuellen Revolution" noch immer eine große Verhaltensunsicherheit Erziehender dem „heiklen" Thema gegenüber, weshalb das Bestreben, hier Sicherheit zu finden, besonders groß ist. Zum anderen kann ich am Thema „Aufklärung" besonders gut aufzeigen, was ich unter einer integrierten Liebeserziehung verstehe, also einer Erziehung, die alle Teilbereiche stets gleichgewichtig beachtet. Der Mensch läßt sich nicht zerlegen in Körper, Geist, Seele und Sozialwesen, sondern er ist alles stets gleichzeitig, bei allem was er tut. Wenn ich mit einer Frau ins Bett gehe, dann ist der Kopf auch dabei, er bleibt nicht auf dem Bettvorleger liegen. Wenn ich ein Kind aufkläre über die körperliche Seite der Sexualität, dann hat das natürlich auch Auswirkungen auf seinen Verstand, sein Gefühlsleben und seine sozialen Einstellungen. Dies zu sehen, zu wissen und zu beachten heißt, integrierte Liebeserziehung zu verwirklichen.

Aufklärung

Wir befinden uns in einer geradezu grotesken Situation. Da überlegen Eltern, ob sie ihre Kinder auch nicht überfordern, wenn sie über die Sexualität Erwachsener berichten. Dies wird mit der Sorge begründet, zu viel, zum unrechten Zeitpunkt und in nicht angemessener Weise zu vermitteln. Gleichzeitig ist nahezu jedes Kind mit einer Fülle oft sehr drastischer Darstellungen konfrontiert: im Fernsehen (zu Hause oder bei einem Freund, wo es „zum Spielen" ist), in Illustrierten am Kiosk, im Selbstbedienungsladen oder beim Arzt, in Pornoheften, die bereits in Grundschulen kreisen oder durch die Berichte älterer Kinder und Jugendlicher. Die elterliche Sorge sollte angesichts dieser Tatsachen eigentlich nicht auf die sogenannte „Verfrühung" gerichtet sein. Erziehung auf diesem Gebiet steht heute in der Gefahr, stets zu spät zu kommen, also nicht auf das Leben vorzubereiten, sondern hinterherzuhinken und auf Schadenbegrenzung gerichtet zu sein.

Aus dieser Einsicht heraus möchte ich einen Grundsatz voranstellen: ***In der sexuelle Aufklärung gibt es kein zu früh und kein zu viel, sondern allenfalls ein zu wenig und ein zu spät***. Ausgenommen von diesem Grundsatz sind lediglich — ich komme später darauf zurück — verängstigende Inhalte oder Vorgehensweisen.

Dieser Grundsatz mag zunächst erstaunlich klingen. Viele Erziehende und gerade die besonders aufgeschlossenen unter ihnen sind doch der Auffassung, mit Kindern dann über Sexualität sprechen zu können und zu sollen, wenn sie fragen und damit Interesse bekunden. Fragt ein Kind dagegen nicht, so gilt das demgemäß als Zeichen (noch) mangelnden Interesses. Und Aufklärung ohne bekundetes Interesse wird im mildesten Urteil als sinnlos, im schärferen als schädlich oder unverarbeitet bleibend angesehen. Stimmt das?

Erwachsenenängste

Zunächst fällt auf, daß Kinder grundsätzlich eine unterschiedliche Fragebereitschaft entwickeln. In einer einzigen Familie kann es Kinder geben, die sehr intensiv und häufig nach allem Möglichen und Unmöglichen fragen, während ein anderes seltener fragt aber stets ein aufmerksamer Zuhörer ist. Das hat etwas mit Veranlagung zu tun, manchmal freilich auch mit Lebenserfahrung. Denn Kinder können in ihrem Frageeifer natürlich auch gebremst werden, zum Beispiel wenn sie mit Bemerkungen wie „das verstehst du noch nicht" oder „dazu bist du noch zu klein" abgespeist werden.

Zu dieser mehr allgemeinen kann dann auch eine spezielle Fragezurückhaltung kommen. Man stelle sich vor, ein kleines Kind komme in seiner Unbefangenheit durch reinen Zufall mit einer sehr speziellen sexuellen Fragestellung an die recht konservativ eingestellte Großmutter oder gar an die 72jährige unverheiratete Nachbarin. Nehmen wir weiter an, diese Erwachsenen würden verlegen, verärgert oder abweisend reagieren. Das Kind registriert dann nur eins: die Großen mögen das nicht! Es differenziert zunächst noch nicht zwischen den Erwachsenen sondern stellt unreflektiert fest, daß es bei großen Leuten bei gewissen Fragen auf Ablehnung stößt. Mit großer Wahrscheinlichkeit wird es künftig zurückhaltender sein.

Ein weiteres kommt hinzu. Die Einstellung vieler Erwachsener, mit Kindern über Sexualität nur oder vor allem dann sprechen zu wollen, wenn sie fragen, gibt es sonst nur noch in sehr wenigen Lebensbereichen. Ja, es gilt auf anderen Gebieten geradezu als erzieherisch wichtig, Kindern selbst dann Anregungen zu vermitteln, wenn sie nicht fragen. Man will die Neugier der Kinder, ihren allgemeinen Wissensdurst nutzen, um sie selbst dann zu fördern, wenn sie keine Frageanlässe haben. Schulen und Kindergärten fördern Kinder, indem sie von sich aus die Aufmerksamkeit von Kindern wecken und lenken, ihr Interesse mobilisieren. Wäre es anders, würden alle ErzieherInnen und alle LehrerInnen nur das mit Kindern besprechen, wonach sie vorher fragten, so wäre es schlecht um unsere Kultur bestellt. Dann wäre der Erzieher- und Lehrerberuf wirklich ein äußerst bequemer, ein wirklich „schlauer Job“, wie oft leichtfertig und abfällig geurteilt wird. Nein, wir Erwachsenen haben generell keine Schwierigkeiten, mit Kindern über Dinge und Vorgänge zu sprechen, nach denen sie nicht fragen, die wir aber für vermittlungswürdig halten. Natürlich machen wir Kinder auf Dinge ihrer Umwelt aufmerksam, beispielsweise auf Pflanzen am Wegesrand oder auch auf ein Tier, das über den Weg läuft. Wir kämen nicht einmal auf die Idee, das Kind könnte überfordert werden.

Von diesem Verhalten gibt es vor allem zwei Ausnahmen, bei denen Erwachsene vermuten, Kinder könnten überfordert werden: Sexualität und Tod. Beim Tod hindert die eigene unverarbeitete Angst am Sprechen. Unsere Gesellschaft hat schließlich den Tod immer mehr aus dem normalen Leben verbannt. Und je mehr sie das tut, desto unheimlicher wird er für die Menschen. Man redet nicht über den Tod, Kinder erleben ihn nicht und deshalb ist man sich nicht sicher, wie darüber zu sprechen ist. Wer einmal versucht hat, einfühlsam und liebevoll mit Kindern über Tod zu sprechen, wird vielleicht erstaunt festgestellt haben, daß Kinder recht selbstverständlich damit umgehen können.

Bezüglich der Sexualität haben auch viele Eltern in ihrer eigenen Kindheit nicht erlebt, wie darüber liebevoll und angemessen gesprochen werden kann. Oft war die Aufklärung durch Gleichaltrige oder ältere Jugendliche die einzige Gesprächserfahrung. Sexualität war in diesen Gesprächen meist etwas Heimliches, oft Häßliches, etwas, worüber grobe, das andere Geschlecht herabwürdigende Witze gemacht wurden. Zwar hat die Lebenserfahrung dann oft Korrekturen vermittelt, Sexualität als etwas Schönes erfahrbar gemacht, jedoch wurde durch die andere Lebenserfahrung keineswegs auch stets die Sprachfähigkeit insbesondere gegenüber Kindern verbessert. Und weil man es nicht kann, sich das aber nicht offen eingesteht, kommt es zu dem bereits angesprochenen Vorgang der „Rationalisierung“. Man hält das Kind für zu klein und unverständig, um mit ihm darüber zu sprechen. Ohne es zu wollen wird so der Grund für eine neue Generation sprachunfähiger, oft negativ vorgeprägter Erwachsener gelegt.

Wer zu spät kommt ...

Man stelle sich den Kopf eines kleinen Kindes einmal als eine Ansammlung leerer Gläser vor. Für jedes Wissens- und Verhaltensgebiet gibt es ein Glas. Diese Gläser haben die Eigenschaft, mit dem älter werdenden Kind mitzuwachsen, also größer zu werden. Aber in einem bestimmten Alter hat jedes Glas eine bestimmte von Kind zu Kind unterschiedliche Größe. Durch die Erziehung versuchen wir nun, diese Gläser mit für das Leben wichtigen Inhalten zu füllen. Das eine Glas wird zum Beispiel gefüllt mit Wissen und Fertigkeiten zur Hygiene, ein anderes mit der Fähigkeit zu rechnen und so fort. Und da gibt es eben auch ein Glas „Sexualität“. Wenn Eltern dieses Glas nicht füllen, dann füllt es ein anderer, beispielsweise der 13jährige Nachbarsbub. Und dann kommt die nunmehr aufgeklärte sagen wir einmal 5jährige Tochter nach Hause und berichtet, was sie über Sexualität gelernt hat. Gehen wir einmal von der Regel aus, daß das durch den 13jährigen vermittelte Wissen weder ganz richtig noch emotional wünschenswert ist, vielleicht sind die Eltern sogar entsetzt. Und nun auf einmal erwacht der Wunsch, es dem eigenen Kind doch richtiger und schöner erklären zu wollen. Diese Eltern werden eine für sie erstaunliche und betrübliche Erfahrung machen: Das Glas „Sexualität“ ist voll, es geht nichts Neues mehr hinein. Damit geben sich die Eltern natürlich nicht zufrieden. Sie wollen das Glas wieder ausleeren, aber das geht nur begrenzt. Man stelle sich einmal vor, ein Glas wäre nicht mit Wasser, sondern mit kaltem, verzuckerten Honig gefüllt, der schwer wieder herausgeht. Wenn man es dennoch schafft, und mit Mühe etwas herauskratzt, dann bleibt der Rand dennoch verklebt. Dieses Beispiel läßt sich auf die Erziehung übertragen beziehungsweise auf die allgemeine Beeinflußbarkeit von Menschen. Die Kommunikationswissenschaft hat vielfältig aufgezeigt und bewiesen, daß die erste Information, die ein Mensch über irgendein Gebiet bekommt, die festsitzende, schwer veränderbare ist. Dies desto mehr, je deutlicher sie mit angenehmen oder unangenehmen Gefühlen verbunden ist. Das trifft zum Beispiel auf politische oder religiöse Überzeugungen zu, im Grund aber auf jedes Gebiet. Jede nachfolgende auf Veränderung zielende Information hat es sehr schwer, aufgenommen zu werden.

So ist es auch bei der Sexualität. Die ersten Informationen und Erfahrungen sind die festsitzenden, alles nachfolgende, auf Veränderung zielende wird schwer oder kaum aufgenommen. Und selbst wenn andere Lebenserfahrungen hinzukommen, bleibt „der Rand", hier also das Unterbewußte, negativ besetzt und hindert an unbefangenem Verhalten. Erwachsene merken es daran, daß sie in der Regel über Sexualität nicht ebenso unbefangen sprechen können, wie über andere Grundbedürfnisse, z.B. das Essen. Die Erfahrungen aus der Kindheit wirken sich prägend aus.

Ob sich Eltern wohl noch daran erinnern können, wie sie selbst aufgeklärt wurden und welche Gefühle damit verbunden waren? Ich erinnere mich noch recht gut an eine Begebenheit im ersten Schuljahr:

Ich spielte mit meiner „Buddelkastenfreundin" Antje in der Pause auf dem Schulhof. Es war, wie damals allgemein, eine sogenannte Volksschule, in die Kinder bis zum 14. Lebensjahr gingen. Plötzlich kamen zwei große Jungen und zerrten mich in das Toilettenhäuschen auf dem Schulhof. Ich wollte eigentlich gar nicht mit, konnte mich aber auch nicht wehren. Dort waren die ganzen Wände von oben bis unten mit Zeichnungen und Sprüchen bemalt. Ich konnte ja noch nicht lesen, aber die beiden waren so freundlich, es mir vorzulesen. Ich glaube, ich verstand das alles nicht ganz. Dann klingelte es zur nächsten Stunde und die beiden liefen davon. Einer jedoch kam noch einmal kurz zurück, zeigte auf zwei Nackte, die aufeinander lagen und sagte zu mir, daß meine Eltern auch solche „Sauereien" machen würden. Das hatte ich offenbar verstanden, denn auf dem Heimweg fragte ich Antje, ob sie meine, daß meine Mutter Sauereien mache. Zur Erklärung muß ich sagen, daß niemand von uns Kindern eine sehr konkrete Vorstellung davon hatte, was Sauereien seien. Für uns war es der Inbegriff alles besonders Schlimmen und ganz streng Verbotenen. Antje meinte, sie könne sich eigentlich nicht vorstellen, daß meine Mutter Sauereien mache, aber ich solle sie doch einmal fragen. Das beschlossen wir auch. Als ich dann aber zu Hause geklingelt hatte, meine Mutter die Tür öffnete und Antje ganz erwartungsvoll hinter mir stand, habe ich doch nicht gefragt. Erst als Erwachsener ist mir der Grund für mein damaliges Schweigen deutlich geworden. Man kann als kleiner Junge eben eine große Mutter nicht danach fragen, ob sie Sauereien mache. Etwas anderes aber hätte ich nicht fragen können, denn im Grunde hatte ich ja nichts verstanden. Ich habe dann eine langjährige Erinnerungslücke. Als ich dann aber so um die zehn oder elf Jahre alt war, hatten sexuelle Themen in meiner Jungenclique eine hohe Aktualität. Mir war vieles, was ich hörte, so neu und gleichzeitig auch so unwahrscheinlich, daß ich des öfteren den dringenden Wunsch hatte, zu Hause zu fragen, was von dem Gehörten richtig war. Ich habe jedoch niemals mehr gefragt. Ich denke heute, der „Gesprächszug“ war bereits im ersten Schuljahr abgefahren. Die erste erinnerliche Information war eine Negativinformation. Da meine Eltern darin einbezogen waren, konnte ich folglich mit ihnen nicht mehr sprechen.

Versuchen wir uns den umgekehrten Fall zu verdeutlichen. Nehmen wir einmal an, Eltern würden mit ihrem Kind sehr frühzeitig nicht nur über Schwangerschaft und Geburt sprechen, was heute wohl kaum noch jemandem Schwierigkeiten bereitet, sondern auch über die sexuelle Beziehung am eigenen Beispiel. Dann würden sie als erste „das Glas“ füllen, also positiv besetzen und zweitens würden die Kinder Gespräche mit den Eltern über Sexualität als etwas Selbstverständliches erleben. Irgendwann kommen dann natürlich auch ältere Jugendliche, die das Kind aufklären wollen. Sie finden dann jedoch ein volles Glas vor, das Kind weiß schon Bescheid. Natürlich würde dann auch ein Jugendlicher versuchen, das Glas zu leeren, um seine Gedanken hineinzufüllen. Es würde ihm sicher auch gelingen, Teile des Inhalts zu entfernen und andere hineinzufüllen, aber, und alleine das ist entscheidend, der Rand wurde positiv von den Eltern besetzt, die Grundeinstellung wird also nicht berührt. Darüber hinaus besteht die hohe Wahrscheinlichkeit, daß dieses Kind seine Eltern vielleicht verschleiert daraufhin befragt, was es mit den anderen Informationen des Jugendlichen auf sich habe.

Ein mir befreundeter, auf gleichem Gebiet arbeitender Pädagoge berichtete mir einmal von einem Interview mit zwei Journalistinnen einer Elternzeitschrift. Sie interviewten damals verschiedene Pädagogen und Psychologen, die in der Sexualpädagogik tätig waren und wollten herausbekommen, wie sie die eigenen Kinder aufgeklärt hätten. Plötzlich kam der sechzehnjährige Sohn meines Freundes nach Hause, für die Journalistinnen ein „gefundenes Fressen“. Sie wollten nun von dem Sohn wissen, wie es wirklich gewesen sei. Das Gespräch ging hin und her, bis eine der Journalistinnen auf eine offenbar großartige Idee kam. Sie fragte den Jungen, ob er denn nie dreckige Witze erzählt habe. Worauf dieser sichtlich amüsiert fragte, ob sie denn einen hören wollten. Das war der Anlaß für die Journalistenfrage an die Eltern, worin sich denn nun das Ergebnis ihrer Erziehung von dem anderer Eltern unterscheide, wo sich doch der Sohn offenbar nicht anders als andere Jugendliche verhalte. Diese Frage ärgerte den Sohn offenbar erheblich. Recht erregt und patzig fragte er die beiden Damen, was sie denn wohl von einem jungen Mann erwarten würden, wenn er mit Freunden zusammen sei. Schließlich würde er sich doch absolut isolieren, wenn er jedesmal, wenn jemand einen Witz erzählt, davonginge oder sein Mißfallen äußerte. Und dann, so berichtete der Vater, sagte der Junge zu den Journalistinnen: im Gegensatz zu den anderen wisse er aber, daß das falsch sei, eine Antwort, die den Vater ganz offensichtlich beglückt hatte, was ich voll verstehen kann. Denn im Grunde hielt der Junge die Witze seiner Freunde für geschmack- und würdelos.

Zurück zum Beispiel der Gläser: Es kommt darauf an, das Glas „Sexualität" so früh wie möglich zu füllen und die Ränder positiv zu besetzen, damit keine Fehlinformation zuvorkommen kann und somit die „Gesprächszüge" nicht abfahren. Dabei ist es unmöglich, zu viel zu sagen, denn was zu viel oder zu früh und damit eben auch zu viel ist, geht nicht in das Glas hinein, es wird nicht aufgenommen und verstanden. Das ist gut an dem Verhalten der Kinder abzulesen, etwa wenn sie unaufmerksam werden, davongehen oder zu spielen beginnen. Was aber nicht aufgenommen wird, kann auch nicht zu viel im Sinne von überfordern oder schädlich sein. Das soll freilich nicht heißen, Kinder würden stets alles richtig verstehen. Ich erinnere eine Begebenheit mit unserem damals etwa vierjährigen Sohn. Er war nach dem Mittagessen, als wir noch gemütlich am Tisch saßen, auf den Schoß meiner Frau geklettert, hatte sich auf ihre Oberschenkel gestellt und fing plötzlich an zu hopsen. Das war offenbar unangenehm für meine Frau und sie sagte „Au, du tust mir weh". Darauf setzte sich das Kind, schaute die Mutter groß an und erwiderte: „Nicht Mami, als Gebärmutter hat man's schwer". Irgendwann hatten wir wahrscheinlich den Begriff Gebärmutter verwendet. Das Kind hatte ihn offenbar im Erwachsenensinn nicht richtig verstanden, aber auch nicht rückgefragt, weil es vielleicht eine eigene Verstehensbasis hatte: eine Mutter, die gebärt, ist eine Gebärmutter! Natürlich war das eine Fehlinformation, aber sie schadet doch nicht, sondern gibt — nach fröhlichem Lachen — Anlaß zu neuen Gesprächen.

Erziehende sollten stets darauf achten, daß das Glas in seiner jeweiligen Größe voll ist. Sie sollten eher mehr als zu wenig sagen, weil sie nur dann sicher sein können, es wirklich bis zum Rand gefüllt zu haben. Bleibt nämlich noch Raum, wird dieser von anderen gefüllt. Ob das im Sinne einer guten Erziehung ist, bleibt fraglich. Wird es aber von anderen gefüllt, erfährt beispielsweise der Achtjährige, daß seine Eltern nicht nur Geschlechtsverkehr haben, um ein Kind zu zeugen, sondern vor allem der Lust und der Freude wegen, so wird es eine Beeinträchtigung im Vertrauensverhältnis zu den Eltern geben. Es besteht dann das Risiko, daß dieses Kind künftig nicht mehr die Eltern fragt, die ihm nach der eigenen Erfahrung doch nicht die Wahrheit sagen. Die unendlich vielen Elf- bis 14-jährigen, die ihre Fragen nach Sexualität und Partnerschaft beispielsweise an die Zeitschrift „Bravo" stellen, sind ein trauriger Beleg für abgefahrene „Gesprächszüge". Alle diese Kinder haben Eltern, die Bescheid wissen, aber eben nicht mehr gefragt sind, sei es, weil die Kinder die Verlegenheit der Erwachsenen spüren, keine Wahrheit erwarten oder sich nicht (schon wieder) Mahnungen zu anständigem Verhalten anhören wollen. Ist das nicht schade?

Gesprächsbereitschaft signalisieren

Vielleicht wird sich jetzt manch eine Leserin oder Leser traurig fragen, was denn noch getan werden könne, wo doch aus Unwissenheit der richtige Zeitpunkt verpaßt wurde. Zunächst bin ich der Auffassung, daß sich niemand Vorwürfe machen sollte. Alle können ihre Kinder immer nur so erziehen, wie es dem eigenen jeweiligen Wissensstand entspricht. Es gibt keine „vollkommene“, sprich fehlerfreie Erziehung. Viele Fehler lassen sich korrigieren und außerdem zerbricht kein Kind an gelegentlichen Erziehungsfehlern seiner sonst liebevollen und verständigen Eltern. Wenn Eltern jedoch neues Wissen erworben haben, es also besser als bisher wissen, sollten sie sich korrigieren und zwar äußerst aufrichtig, weil Kinder eine sehr feine Antenne für Aufrichtigkeit haben. Wenn ein Vater seiner Tochter sagt, daß er sie deshalb nicht informiert habe, weil er nicht gewußt habe wie, und weil er darüber hinaus geglaubt habe, sie sei noch zu jung dafür, dann versucht er sich nicht herauszuwinden, sondern erzählt von seinem Befinden. Wenn er darüber hinaus noch sagen kann, er sei nun zu der Überzeugung gekommen, damit einen Fehler gemacht zu haben, dann ist er auf dem besten Weg, wieder auf den „Gesprächszug“ aufzuspringen. Vielleicht ist dieser Vater immer noch zu unsicher, um ein freies Gespräch mit seiner Tochter führen zu können. Der Hinweis aber, er habe ein geeignetes Buch mitgebracht, weil er sich selbst nicht zutraue, die richtigen Worte zu finden, wird ihn in den Augen der Tochter sehr sympathisch und liebenswert erscheinen lassen. Es ist doch schön, einen Vater zu haben, der auch nicht vollkommen ist. Das ist ein Vater zum liebhaben, zum anfassen. Wenn die Tochter dann immer noch Fragen hat, wird sie mit großer Wahrscheinlichkeit zu ihrem Vater kommen. Der Vater hat durch seine Ehrlichkeit die Chance, künftig als Partner akzeptiert zu werden.

Ich möchte nicht mißverstanden werden. Es wäre nicht gut, wenn jetzt LeserInnen zu der Auffassung gekommen sein sollten, schnellstens eine Aufklärungsstunde mit ihren Kindern ansetzen zu müssen. Nichts wäre falscher, gezwungener und künstlicher. Vielmehr sollte es darum gehen, Gesprächsbereitschaft zu signalisieren, also Gesprächssituationen zu schaffen, die dem Kind die Freiheit lassen, auf sie einzugehen oder nicht.

Machen wir es uns am Beispiel deutlich. Man geht mit einem kleineren Kind auf der Straße, eine schwangere Frau kommt entgegen. Das Gesprächssignal der Mutter an ihr Kind: Schau nur, die Frau hat einen ganz dicken Bauch, sie bekommt sicher bald ihr Baby. Mehr ist nicht erforderlich! Entweder geht jetzt das Kind auf das Gesprächsangebot ein oder nicht. Wenn nicht, muß man eben bei Gelegenheit wieder „stupfen“! Ein anderer Ansatz: Man schaut sich gemeinsam mit dem Kind die alten Babyfotos an und sagt zu dem Kind, so klein warst du früher und weißt du, wie groß du vorher warst? Man nimmt einen Bleistift und macht einen Punkt auf das Papier: so klein. Und nun wird man wieder sehen, ob das Kind das Gesprächsangebot annimmt und weiterfragt. Es könnte auch ein sinnvolles „Stupfen“ sein, ein geeignetes, altersentsprechendes Buch, sei es ein geeignetes Bilderbuch wie das von mir hochgeschätzte bereits erwähnte Buch von Knudsen, „Wie Vater und Mutter ein Kind bekommen“ oder auch für jüngere Schulkinder mein „Buch vom Liebhaben“, in der Wohnung herumliegen zu lassen. Irgendwann wird es das Kind zur Hand nehmen, das Signal der Eltern also aufgreifen, die dann von sich aus wieder das Gespräch suchen könnten oder aber auch von dem Kind ergänzend gefragt werden. Denn natürlich weiß das Kind, wie das Buch in die Wohnung gekommen ist.

Eltern und auch ErzieherInnen und LehrerInnen sollten bei dem Stupfen, das heißt bei dem Signalisieren der Gesprächsbereitschaft nicht müde werden, sie sollten aber keine Gespräche aufdrängen, weil dann, wenn die Kinder die Angebote nicht annehmen, mit hoher Wahrscheinlichkeit das altersgemäß große „Glas“ bereits gefüllt ist und größere Aufnahmefähigkeit nicht gegeben ist.

Umfassend aufklären

Natürlich soll Aufklärung möglichst dem Verständnis des jeweiligen Kindes angepaßt sein. Weil wir aber nie ganz genau die Grenze der Aufnahmefähigkeit einschätzen können, ist es richtiger, mehr zu sagen, als einen Teil des Glases ungefüllt zu lassen. In der Regel neigen Eltern dazu, eher zu wenig zu sagen. Wenn die Zeugung eines Kindes mit den Worten „wenn Mama und Papa sich liebhaben, dann gibt der Papa der Mama die Samen...“ erklärt wird, dann ist das mit Sicherheit zu wenig ebenso wie die Bemerkung, der liebe Gott habe das Kind entstehen lassen. Ich will die letzte Bemerkung keineswegs als falsch rügen, sondern nur als in jedem Fall unvollständig. Ich denke auch, die sexuelle Beziehung der Eltern auf die Zeugung von Kindern zu verkürzen, ist zu wenig. Dagegen wäre es mit Sicherheit zu viel, einem Vorschulkind die verschiedenen Stadien der Zellteilung bei beginnender Schwangerschaft beibringen zu wollen. Wo aber die Verstehensgrenze eines Kindes zu einem bestimmten Zeitpunkt genau liegt, wissen wir nicht. Um aber eben nicht ein halbgefülltes Glas stehen zu lassen, ist es sinnvoller, die Verstehensgrenze zu über- als zu unterschreiten. Aufmerksame Väter und Mütter und sensible ErzieherInnen werden schnell erkennen, wann ein Kind abschaltet.

Auf Schwangerschaft und Geburt möchte ich hier nur kurz eingehen, damit haben heutige Eltern kaum Schwierigkeiten. Jedoch möchte ich in diesem Zusammenhang nochmals auf eine Szene in dem erwähnten Bilderbuch „Wie Vater und Mutter ein Kind bekommen“ verweisen, die ich bereits in einem vorangegangenen Kapitel (Körpernähe und Selbstwertgefühl, Seite 38) beschrieb. Die Geburt wird dort — man erinnere sich — mit einem lachenden, die Arme ausbreitenden aus der Scheide kommenden Kind dargestellt. Das ist seinerzeit bei vielen Erwachsenen auf Ablehnung gestoßen, weil sie meinten, die Geburt müsse „realistischer“ dargestellt werden, was dann auch vorübergehend bei einer Auflage zur Veränderung des Bildes führte. Das Kind wurde nun mit geschlossenen Augen und schlaff herunterhängenden Armen erwachsenenrealistisch gezeichnet. Heute, und ich halte mir zugute aufgrund meines nachhaltigen Protestes, ist wieder das lachende Kind abgebildet. Die damals kritisierenden Erwachsenen haben einfach den Unterschied zwischen Erwachsenen- und Kinderrealität nicht erkannt. Das kleine Kind will wissen, wo es war, wie es auf die Welt kam und ob es erwartet wurde, also wichtig ist. Genau das aber symbolisiert das Bild verständlich durch den allgemeinen Ausdruck der Freude. Hinter dieser zentral bedeutsamen Information kann biologische Genauigkeit etwas zurücktreten und später ergänzt werden. Ich werde später noch einmal auf das Bild zurückkommen, wenn es um die Frage geht, wie Ängste vermieden werden können. Soviel zur Geburt, ich habe sie hier vor allem angesprochen, um erneut meine Auffassung von „integrierter Liebeserziehung“ zu verdeutlichen, die eben nicht nur aufklärt, sondern gleichzeitig einordnet.

Das eigentliche Problem in der Aufklärung ist heute jedoch die Erklärung von Geschlechtsverkehr als Lust- und Nähebeziehung und alles was damit zusammenhängt.

In der Regel wird Geschlechtsverkehr der Eltern vom Kind her erklärt nach dem Motto, hier ist ein Kind, wie ist es entstanden? Das ist der Ansatz der meisten Bilderbücher für kleinere Kinder. Man sollte sich jedoch nicht täuschen, bei nahezu allen Kindern kommt bei dieser Art der Aufklärung eine Fehlinformation an. Sie sind dann der Auffassung, Eltern hätten nur dann Geschlechtsverkehr, wenn sie ein Kind zeugen wollen.

Ein Vater, der die Toilette einer Autobahnraststätte mit seinem knapp sechsjährigen Sohn aufsuchte, machte folgende Erfahrung. Der Sohn entdeckte einen Präservativautomaten. Er zeigte auf eine Präservativpackung in dem Fensterchen des Automaten und fragte, was das sei. Der Vater beschrieb seinem wie er meinte völlig aufgeklärten Sohn, daß es sich um einen kleinen Gummischlauch handele, der vorne geschlossen sei und den Männer über ihr Glied ziehen können, wenn sie beim Geschlechtsverkehr kein Kind zeugen wollen. Der Sohn fragte zurück, ob der Vater das auch benutze. Dieser zögerte mit der Antwort angesichts der erheblich angewachsenen und gespannt wartenden Zuhörerschaft, worauf der Sohn sich selbst korrigierte: „ach nein, ihr wolltet mich ja haben“. Der Vater entgegnete zunächst nichts mehr darauf. Die Freude über die Antwort des Sohnes einerseits und andererseits die große Zuhörerschaft ließen ihn das

Gespräch beenden. Der Sohn seinerseits bohrte auch nicht weiter, er fühlte sich offenbar völlig informiert. Aber die Information war doch sehr fehlerhaft, weil der Sohn ganz offensichtlich davon überzeugt war, seine Eltern hätten nur ein einziges Mal Geschlechtsverkehr gehabt. Irgendwann würde jemand dem Kind berichten, daß Erwachsene höchst selten Geschlechtsverkehr haben, um Kinder zu zeugen. Kommt nun die Ergänzung nicht von den Eltern selbst, besteht wieder die Gefahr, daß sie künftig als Gesprächspartner ausscheiden, weil sich das Kind — durch Unterlassung — angeschwindelt vorkommen muß.

Es wäre sicher richtiger, Kindern den Geschlechtsverkehr als Ausdruck lustvoller Beziehung zwischen den Menschen zu erklären, also ohne den Hinweis auf die mögliche Zeugung eines Kindes. Das wäre auch sicher die richtige Reihenfolge: man erklärt das zuerst, was zuerst ist, die Beziehung eines Paares. Im Erziehungsalltag wird sich das jedoch nicht immer realisieren lassen, weil ein neugeborenes Kind oder eine hochschwangere Frau das Interesse weckt und lenkt, so daß also die Kinderfrage auf Zeugung gerichtet ist. Dies sollte jedoch Veranlassung geben, zumindest einen Hinweis auf die Lustbeziehung des Paares mit einzuflechten oder aber bald die Aufklärung entsprechend zu ergänzen, auch ohne eine entsprechende Kinderfrage abzuwarten.

Nun ist Geschlechtsverkehr sicher nicht nur Ausdruck der körperlichen Beziehung eines Liebespaares, sondern ebenso der einer emotionalen, rationalen und sozialen. Im Sinne einer „integrierten Liebeserziehung", so wie ich sie vertrete, wäre es deshalb wichtig, diese unterschiedlichen Aspekte mit zu verdeutlichen oder zumindest anzudeuten. Damit diese Forderung nicht zu abstrakt bleibt, und weil Eltern mich immer wieder in Elternabenden auffordern, dies beispielhaft in einer kindgerechten Sprache zu verdeutlichen, will ich zitieren, mit welchen Worten ich das in meinem „Buch vom Liebhaben" für Kinder von acht Jahren an tue:

„Die meisten Mädchen und Frauen begegnen irgendwann einem Mann, und die meisten Jungen und Männer einer Frau, die sie so sehr liebhaben, daß sie immer zusammenbleiben wollen. Das ist sicher nicht von Anfang an so. Aber je mehr sie sich kennenlernen, desto mehr mögen sie sich. Sie mögen sich so sehr, daß sie sich auch ändern können. Sie tun dann zum Beispiel nicht mehr, was der andere nicht mag, sie suchen sich gegenseitig Freude zu machen und sie suchen nach gemeinsamen Interessen. Sie geben sich Mühe und finden es aufregend, sich gegenseitig immer besser zu verstehen. Sie haben sich lieb. Liebhaben wird nur und bleibt nur, wenn man sich Mühe gibt. Wenn sich beide schon lange kennen und glauben, daß sie sich sehr liebhaben, dann haben sie auch festgestellt, ob sie sich vertrauen können. Vertrauen ist sehr wichtig, wenn zwei sich liebhaben. Man muß wissen, daß der andere einen nicht ausnutzt und auch nicht alles herumerzählt, was die beiden denken und tun und fühlen und sagen. So lernen sie sich langsam immer besser kennen. Sie ziehen sich vielleicht auch einmal ganz aus und streicheln und küssen sich am ganzen Körper. Das ist sehr schön und aufregend für sie, vor allem, wenn sie sich an ihren Brüsten und Geschlechtsorganen streicheln und sehr zärtlich sind. Das Glied des Mannes wird dann groß und steif und die Scheide der Frau wird feucht. Dabei haben beide ein ganz schönes Gefühl, das ich dir gar nicht beschreiben kann, weil es keine Worte dafür gibt. Wenn sich die beiden dann öfter so streicheln und küssen, dann merken sie auch, was beide schön finden und was nicht. Nicht alles findet man schön und angenehm, und was als angenehm empfunden wird, ist bei den Menschen verschieden. Du weißt es auch von dir, daß du Körperstellen hast, an denen du dich gerne streicheln läßt und andere, an denen du es gar nicht magst, weil es zum Beispiel furchtbar kitzelt oder weil du es sonst nicht magst. Und so achten eben die beiden auch darauf, was der andere gerne hat und was nicht. Sie merken dann auch, ob der andere auf sie selbst und das was sie mögen, Rücksicht nimmt, ob er wirklich zärtlich ist und nicht grob.

Wenn nun die beiden meinen, sie könnten sich ganz auf den anderen verlassen, dann möchten sie eines Tages noch enger zusammen sein, so eng, als wären sie *ein* Körper. Das geht natürlich nicht, aber wenigstens möchten sie sich so nahe wie nur irgend möglich sein. Und wenn sie sich dann so unendlich wohl, glücklich und geborgen beieinander fühlen und eine Weile miteinander zärtlich waren, dann steckt der Mann sein Glied in die Scheide der Frau, die ihm dabei hilft. Manchmal liegt der Mann dabei auf der Frau oder umgekehrt, manchmal sitzt die Frau auf dem Mann oder sie liegen nebeneinander. Sie sind sehr vorsichtig. Du weißt ja, wie empfindlich Geschlechtsorgane sind. Es tut nicht weh, wenn man vorsichtig ist, sondern es ist sehr angenehm, weil die Scheide der Frau feucht ist und das Glied des Mannes deshalb leicht hineingleiten kann. Beide, Mann und Frau, bewegen sich so, daß das Glied etwas mehr hinein und dann wieder etwas mehr herausgleitet.

Dabei wird ihr Glücksgefühl immer größer und stärker. Ihr Körper spannt sich immer mehr an, und ihre Bewegungen werden, ohne daß sie es eigentlich wollen, beinah wie von selbst immer heftiger und schneller. Plötzlich ziehen sich dann die Muskeln ihres Unterleibs stark zusammen, um sich danach langsam zu entspannen. Man nennt das Orgasmus. Beim Mann werden in diesem Augenblick die Samen aus dem Glied ausgestoßen. Nach dem Orgasmus werden beide angenehm müde und ruhen sich miteinander aus.

Das ist so schön für Mann und Frau, daß sie es immer wieder tun wollen. Es gibt viele Ausdrücke dafür. Manche sagen, sie schlafen miteinander (obwohl sie hellwach sind), andere sagen: sie bumsen, vögeln, ficken, schmusen oder sie haben Beischlaf oder Geschlechtsverkehr. Jedes Paar hat seine eigene Bezeichnung für sein zärtliches Spiel. Wenn man sich mit anderen Menschen unterhält, dann sagt man Beischlaf oder Geschlechtsverkehr. Weil das aber keine zärtlich klingenden Wörter sind, keine Liebeswörter, deshalb suchen sich die meisten Paare ihr eigenes Wort. Ich bin sicher, deine Eltern haben auch eins. Frag' sie doch mal!"

Ich erkläre also die Eingebundenheit des Geschlechtsverkehrs in die Beziehung und spreche an

- man muß sich länger kennen, um sich vertrauen zu können,
- man muß auf den anderen Menschen eingehen und Rücksicht nehmen können,
- man sollte wissen, was einem selbst gut tut und was dem anderen gefällt,
- die Notwendigkeit von Intimität,
- eine angemessene Sprache.

Dagegen sage ich nichts darüber, ob die beiden verheiratet sind oder nicht, und ich mache auch keine Altersangaben. Ich lasse beides offen und damit ergänz- und besprechbar.

An anderer Stelle des Buches ergänze ich dann die Informationen um Zeugung, Onanie, Homosexualität oder auch Prostitution. Ich habe damit keinerlei Schwierigkeiten, weil ich nirgendwo die Falschinformation vermittelt habe, zwei Menschen, die miteinander Geschlechtsverkehr haben, würden sich damit auch unbedingt lieben. Geschlechtsverkehr gehört zur Liebe, aber er alleine muß mit Liebe nichts zu tun haben. Und so schreibe ich an anderer Stelle:

„Geschlechtsverkehr, ich habe Schmusen dazu gesagt, gehört bei Frau und Mann zum Liebhaben wie anderes auch, zum Beispiel Kuscheln, Freude machen, Helfen, Rücksichtnehmen. Jedes allein für sich ist dagegen noch nicht Liebhaben. Auch Geschlechtsverkehr allein ist nicht Liebhaben."

Im Gespräch bleiben

Es ist wichtig, „Gesprächszüge" nicht abfahren zu lassen. Das erfordert, ständig im Gespräch mit Kindern und Jugendlichen zu bleiben, ohne sich penetrant aufzudrängen. Mit fortschreitendem Alter werden Ergänzungen und andere Gewichtungen erforderlich.

Auch Kinder und Jugendliche haben ***sexuelle Lustbedürfnisse*** und möchten sie leben. Es gibt auch keine tragfähige Begründung, ihnen das generell zu verweigern und zumindest in der Kleinkinderziehung hat sich diese Erkenntnis bei jungen Eltern und Pädagogen und Pädagoginnen auch weitgehend durchgesetzt. Es kann nicht um Verweigerung, sondern es muß um Kultivierung gehen. Da der erzieherische Einfluß auf Jugendliche sehr schnell zurückgeht, bleibt die Nichtanerkennung ihrer Bedürfnisse ohnehin folgenlos. Vielleicht wäre es für manchen Erwachsenen auch einmal hilfreich, sich jenes Ausspruchs von Johann Peter Hebel zu erinnern, der sagte, im Leben sei alles verquer, entweder man habe Wein und kein Glas oder man habe ein Glas, aber keinen Wein. Wenn ich das nun auf die Sexualität übertrage und weiß, daß der junge Mensch die stärksten vitalen Kräfte hat und dann feststelle, daß viele gereifte Erwachsene und Eltern in fortschreitendem Alter bereits auf der absteigenden Linie sind, dann sollte man sich als Erwachsener ruhig einmal eingestehen, welch unsinnige Forderungen mitunter an Jugendliche gestellt werden. Wie sagte doch einmal der große Sexualpädagoge Kurt Seelmann in der 60iger Jahren? Er wies darauf hin, daß er mit jedem Jahr, das er älter werde, auch „moralischer" werden könne. Er konnte eingestehen und sich dazu bekennen, was heute sehr alten Herren in sehr mächtigen Positionen oft schwerfällt. Das hat sicher auch etwas mit Größe zu tun. Ich denke aber, daß abgesehen davon jeder Erwachsene sich darüber im Klaren sein muß, daß sich ein junger Mensch nur dort zu Hause fühlen kann, wo er auch seine elementaren Bedürfnisse leben kann, sonst geht er.

Man hat einmal Abiturienten gefragt, ob sie wüßten, daß ihre Eltern Geschlechtsverkehr haben. Der Tenor der Antworten lief darauf hinaus, daß sie es natürlich wüßten, aber vorstellen könnten sie es sich nicht. Mir will scheinen, diese mangelnde Vorstellungsfähigkeit betrifft auch Erwachsene. Natürlich wissen heute Eltern, daß Jugendliche in jüngerem Alter sexuelle Beziehungen aufnehmen, sich das bei den eigenen Kindern vorzustellen, scheint dennoch erhebliche Schwierigkeiten zu bereiten.

In diesem Zusammenhang noch einen Hinweis. Wir hätten es heute in der Erziehung in vielem leichter, wenn sich unsere Erziehung stärker an den sexuellen Lustbedürfnissen und viel weniger am Koitus oder gar an der Zeugung orientieren würde. Ich denke manchmal, daß unsere Sexualkultur geradezu zu einer Koituskultur verkommen ist. Viele Probleme würden sich nicht oder nicht so scharf stellen, wenn, wie es eine Psychologin in einer Jugendsendung im Gespräch mit jungen Frauen formulierte, wir uns wieder einmal daran erinnern würden, daß wir auch Hände und einen Mund und damit viele Möglichkeiten haben, sexuelle Lust zu erreichen und zu genießen. Daß das vor allem eine Frage der Männererziehung ist, wurde aus den Reaktionen der jungen Frauen sehr deutlich. Wenn es einer veränderten Erziehung gelänge, andere Formen des Genießens als gleichwertig neben den Koitus zu stellen, wäre das Problem ungewollter Schwangerschaften Jugendlicher medizinisch unproblematisch gelöst und AIDS könnte viel von seiner Problematik verlieren.

In meinem Jugendbuch „Das Buch vom Lieben und Geliebtwerden" (Seite 30) gehe ich auf dieses Problem näher ein. Ich zitiere diesen Text wegen seiner meines Erachtens großen Bedeutsamkeit in unserem Zusammenhang.

„Zunächst ist es einmal sinnvoll Klarheit zu schaffen, was das eigentlich bedeutet, miteinander zu schlafen. Meistens wird darunter verstanden, daß zwei Menschen miteinander Geschlechtsverkehr haben. Diese Beschreibung ist zu eng und zu weit zugleich. Sie ist zu weit, weil man auch Geschlechtsverkehr haben kann, um ein Kind zu zeugen. Ein Kind zeugen ist eine Sache, Küssen eine andere, Onanieren eine dritte, über persönliche Dinge sprechen eine vierte und „miteinander schlafen" eine fünfte. Alles hat etwas miteinander zu tun und ist eben doch etwas anderes. Wenn Menschen miteinander schlafen wollen, dann wollen sie nur ganz selten ein Kind bekommen oder wenn sich Menschen küssen, dann wollen sie keineswegs auch immer miteinander schlafen. Beim Miteinander-Schlafen geht es in erster Linie um etwas anders: zwei Menschen streben miteinander innigste Zärtlichkeit an, die auch zum Orgasmus führen kann. Das aber ist auf unterschiedliche Weise möglich. Wer nur an Geschlechtsverkehr denkt, also an Einführung des Gliedes in die Scheide, verbaut sich selbst und der Partnerin bzw. dem Partner viele schöne Erlebnismöglichkeiten. Höchste Lust und Orgasmus kann auch durch das Streicheln, Reiben oder Küssen der Geschlechtsorgane erreicht werden, was in manchen Situationen vielleicht schöner, sinnvoller und entspannender ist. „Alles ...kann zum Orgasmus, also zur befriedigenden Entspannung führen. Wie dieses Erlebnis erreicht wird, ist solange gleichgültig, wie es von beiden Partnern gewollt und als schön erlebt wird, ihr »Miteinander-Schlafen«, ihr »Pimpern« oder was immer sie dazu sagen. Entscheidend ist eigentlich nur eins: daß beide Partner Befriedigung in der Begegnung erleben. Um das zu erreichen ist alles erlaubt, was sich die beiden erlauben und was ihnen hilft. Andere Maßstäbe gibt es nicht. Daraus darf aber nicht geschlossen werden, geschlechtliche Begegnung sei nur dann liebevoll, wenn beide Teile auch einen Orgasmus erleben. Das ist auch in den besten Beziehungen undenkbar, und es kann geradezu Ausdruck der Liebe und Zuneigung sein, dem Partner auch dann den ersehnten Orgasmus zu ermöglichen, wenn dem eigenen Hindernisse entgegenstehen. Das ändert jedoch nichts an dem grundsätzlich gemeinsamen Streben nach Befriedigung."

Lustbedürfnis konkretisiert sich aber nicht nur im fortgeschrittenen Jugendalter als zwischengeschlechtliche Beziehung sondern auch als Onanie im Kindesalter oder im Jugendalter und als gleichgeschlechtliche Begegnungen.

Eine Mutter berichtete mir einmal nach einem Elternabend im Kindergarten von ihrer 5jährigen Tochter die jeden Morgen onaniere und wenn die Mutter sie zum Frühstück bitte, erwidere, sie komme erst, wenn sie „fertig“ sei. Nun hatte die Mutter durchaus verstanden, daß auch kleine Kinder Lustbedürfnisse haben, ihr machte die Häufigkeit des täglichen Onanierens Schwierigkeiten. Sie wußte nicht, ob und wie sie einschreiten sollte.

Ich verdeutlichte ihr zunächst, daß alle Menschen unterschiedlich vital sind. Auch die sexuellen Bedürfnisse Erwachsener weisen große Unterschiede auf, was keineswegs in erster Linie altersabhängig ist. Während der eine Erwachsene täglich sexuelle Begegnungen erstrebt, hält es der andere mit dem bekannten Ausspruch „in der Woche zwie schadet weder mir noch ihr“, eine Vorstellung die einen dritten vielleicht in helles Entsetzen ob soviel „Leistungsdruckes“ treiben würde. Wenn aber die Bedürfnisse Erwachsener so unterschiedlich sind, dann mag es einleuchten, daß das bei Kindern nicht anders sein kann. Ein vital starkes Kind wird vermutlich auch häufiger onanieren. Zu Besorgnissen besteht kein Anlaß, weil es keine Schädigung durch Onanie gibt.

Freilich muß eine häufige Onanie keineswegs stets auf besondere Vitalität schließen lassen. Es könnte sich auch um eine sogenannte Ersatzbefriedigung handeln. Ein Lehrer berichtete mir von einem zwölfjährigen Schüler, der bei den kleinsten Konflikten in der Schulstunde sofort unter der Bank zu onanieren begann. Dieser Schüler konnte das Unlusterlebnis „Ärger mit dem Lehrer“ nicht einmal bis zur Pause ertragen, er brauchte sofortigen Lustausgleich. Hier gibt keineswegs die Onanie als solche zu Besorgnis Anlaß, sondern die, wie die Psychologie sagt, äußerst geringe Frustrationstoleranz. Warum, so ist zu fragen, war dieser Schüler außerstande, selbst geringe Unlusterlebnisse zu ertragen?

Der oben erwähnten Mutter riet ich, doch einfach einmal zu versuchen, sich der Tochter mehr als bisher anzunehmen, was nicht in erster Linie und vor allem körperliche Zuwendung heißen muß, sondern ebenso miteinander sprechen, gemeinsam spielen oder etwas erleben. Die zunächst skeptische, aber dennoch aufgeschlossene Mutter berichtete mir wenig später, die Tochter würde wesentlich weniger onanieren. Offenbar handelte es sich um ein Kind, daß besonders viel Zuwendung benötigte, sie in der Geschwisterreihe jedoch nicht erlangen konnte.

In manchen Aufklärungsbüchern, die sich direkt an Jugendliche wenden, wird Onanie als sinnvoller Sport, bzw. sinnvolles Einüben in Sexualität bezeichnet. Das mag bei Jugendlichen ganz gut ankommen, weil es meistens beliebter ist, etwas was man tut als richtig bestätigt zu bekommen als im eigenen Verhalten in Frage gestellt zu werden. Diesen bequemen Weg können Eltern, die Verantwortung für die Erziehung ihres Kindes tragen, nicht gehen, Onanie ist differenzierter zu sehen. Natürlich ist Selbstbefriedigung körperlich völlig unschädlich und selbstverständlich gibt es keinen Grund, sie moralisch zu verurteilen, weil schließlich niemand geschädigt wird, und sie bringt Lust in keineswegs immer lustvolles Leben.

Ich kann auch nicht verstehen, warum noch immer von Kirchen oder Religionsgemeinschaften Menschen, die onanieren, ein schlechtes Gewissen gemacht wird. Verständlich war das durchaus bis in die dreißiger Jahre des vorigen Jahrhunderts, weil erst damals die weibliche Eizelle entdeckt wurde und man bis dahin der Auffassung war, im männlichen Samen sei das vollständige Kind enthalten, das beim Geschlechtsverkehr der Frau gleichsam zur Aufzucht übergeben werde. Konsequent zu Ende gedacht war in der damaligen Vorstellung Onanie das Gleiche, was heute Abtreibung ist. Damals war es also nachvollziehbar, heute, wo wir es besser wissen, ist es schwer, hinter der moralischen Verurteilung mehr als Machtdenken zu vermuten. Denken wir doch einmal an die vielen Menschen, die aus unterschiedlichen Gründen keine Partnerschaft eingehen können, denen liebe Partner gestorben sind und die nicht den Weg in eine neue Partnerschaft finden können oder wollen oder auch an jene, deren Partner dauerhaft als Sexualpartner ausfällt, die aber dennoch in Treue zu ihm stehen wollen. Wer will hier urteilen, wer hat das Recht, moralisch abzuwerten?

Jedoch habe ich auch bereits darauf hingewiesen, daß unsere Sexualität Ansporn ist, unsere Einsamkeit zu überwinden und Kontakt zu anderen Menschen zu suchen. Wer sich daran gewöhnt, immer wenn er sich langweilt oder unlustig fühlt, beides durch Selbstbefriedigung zu vertreiben, wird es schwer haben, Kontakte aufzubauen, weil ihm der Antrieb fehlt. So ist es oft bezeichnend, daß kontaktgestörte Menschen häufig onanieren und eben dadurch ihre Kontaktschwierigkeiten verstärken. Zudem wird es bei der Gewöhnung daran, stets und überall jedem Lustbedürfnis nachzukommen, die Erziehung zum Verzicht schwer werden. Das hat nicht nur etwas mit Sexualität zu tun. Es führt kaum zu weit zu sagen, daß es unauflöslich zur Fähigkeit des Liebens gehört, verzichten zu können ohne unglücklich zu werden und aus vollem Herzen zu genießen, wenn es möglich ist. Dies Jugendlichen zu verdeutlichen, gehört auch zur Liebeserziehung, eine sicher nicht besonders einfach zu bewältigende Aufgabe.

Grundsätzlich kann davon ausgegangen werden, daß umfassende geschlechtliche Erziehung Ängste vermeidet, freilich können durch falsche Vorgehensweisen auch Ängste aufgebaut werden. Es geht also um die ***Vermeidung von Ängsten, aber auch von Benachteiligungen***. Von letzteren sind in unserer Gesellschaft vor allem Mädchen betroffen, was es ihnen erschwert, ihre Frauenrolle anzunehmen.

In der geschlechtlichen Erziehung, so sagte ich, gibt es kein „Zuviel“ und kein „Zufrüh“, weil dem das Auffassungsvermögen des Kindes entgegensteht. Ausgenommen von dieser generellen Feststellung ist alles, was Ängste fördert. Liebeserziehung sollte deshalb stets darum bemüht sein, Ängste zu vermeiden und abzubauen, wo sie dennoch deutlich werden. Angst hindert stets am vernünftigen Handeln, „Angst macht kopflos"! Ich will einige Quellen der Angst nennen um beispielhaft aufzuzeigen, wie sie vermieden werden können.

Geeignetes und Ängste vermeidendes Bildmaterial ist meines Erachtens in der Aufklärung unerläßlich. Es ist eine Binsenwahrheit, daß etwas leichter erfaßbar ist, wenn es mit unterschiedlichen Sinnesorganen aufgenommen werden kann. Aber gerade bei Bildmaterial ist es wichtig, geeignetes und altersgemäßes Material zu finden. An anderer Stelle habe ich bereits verdeutlicht, daß ein Buch zum Beispiel durch einfaches Liegenlassen auch dazu genutzt werden kann, Kinder auf das Thema aufmerksam zu machen. Aber gerade für diesen Zweck eignen sich keineswegs alle Bilderbücher, weil beispielsweise durch Farbfotografien Ängste ausgelöst werden können, die dann nicht auftreten würden bzw. aufgefangen werden könnten, wenn ein einfühlsamer Erwachsener sie mit den Kindern ansieht und ihnen das Gesehene erklärt. Bilder und Bilderbücher haben einen direkten Zugang zum Unterbewußtsein. Sie müssen nicht vom Verstand erfaßt werden um wirksam zu sein. Vielmehr wirken sie direkt auf die Gefühlsebene ein und hinterlassen Spuren. Der Zusammenhang zu späterem durch sie geprägtem Verhalten wird nicht mehr erkannt und bewußt. Worte dagegen müssen stets zuerst mit dem Verstand entschlüsselt werden. Deshalb ist ein unbedachtes Bild problematischer als ein unbedachtes Wort. Mit dem Wort läßt sich vieles relativieren, das Bild dagegen hat eine Botschaft, die vor dem individuellen Erfahrungshintergrund wirksam wird. Eine realistische Fotografie einer Geburtsszene etwa hat für Kinder in erste Linie die Botschaft „Schmerz", die durch die Mimik der Mutter und das Blut ausgelöst wird. Eine Zeichnung kann diesen Eindruck durch entsprechende Ausführung vermeiden. Gleichzeitig kann ihr Eindruck mit Worten ergänzt werden. Es ist eben ein Unterschied, ob einem Kind gesagt wird, daß die Geburt natürlich schmerzhaft gewesen sei, dies aber schnell wieder vergessen wird, weil die Freude über das Kind so groß ist, ob also der Schmerz relativiert wird, oder ob ein Kind einen Bildeindruck des Schmerzes, vorbei am Bewußtsein, aufnimmt. Wenn ich eine Reihenfolge beim Bildmaterial empfehle, dann ist der Umgang mit der Zeichnung am einfachsten, dann kommt die Schwarz/weiß-Fotografie und zuletzt die Farbfotografie. Dies gilt desto mehr, je kleiner ein Kind ist. Weil aber abgesehen von Angsteindrücken die Zeichnung auch oft sehr viel leichter zu verstehen ist als ein Foto, man denke etwa an die Darstellung des Geschlechtsverkehrs mittels Röntgenzeichnung oder an Querschnittzeichnungen von Geschlechtsorganen, hat sie auch noch ihren Platz in Büchern für ältere Kinder.

Aber natürlich können Zeichnungen auch zu Mißverständnissen führen und dadurch neue und andere Ängste auslösen. So ist eine weitverbreitete Sorge unter anfangspubertierenden Jungen, sie könnten ein zu kleines Glied haben. Sie vergleichen sich mit anderen und stellen recht erhebliche Größenunterschiede fest. Dabei ist viel zu wenig bekannt, daß sich die Penisgrößen im erigierten Zustand gar nicht so sehr unterscheiden. Diejenigen, die im schlaffen Zustand groß sind, vergrößern sich im eregierten Zustand meistens weniger als die im schlaffen Zustand kleineren. Eigentlich könnte diese Frage aber auch ziemlich gleichgültig sein. Aber durch eben die Querschnittzeichnungen der weiblichen Sexualorgane in Büchern wird der Eindruck erweckt, die Scheide sei eine Röhre. Wäre es so, dann paßt natürlich in eine bestimmte Röhrengröße eine bestimmte Penisgröße. Aber die Scheide ist eben keine Röhre, sondern zwei aufeinanderliegende sehr anpassungsfähige Muskeln. Und übrigens: es ist keineswegs bewiesen, daß Menschen mit kleineren Füßen schlechtere Läufer sind.

Materialien alleine können freilich noch keine Lebenserfahrungen durchbrechen. Gehen wir einmal davon aus, daß kleine Mädchen ihren Körper sehr genau kennen, weil sie ihn sorgfältig untersucht haben. Sie kennen also auch ihre Scheide. Wenn sie nun solch einen „Brocken" von Baby sehen, kann das durchaus Geburtsängste auslösen, weil sie sich nicht vorstellen können, daß dieses Kind durch die Scheide paßt. Manche fragen dann spontan, andere nicht. Und die Aussage, „sie dehnt sich halt" ist für Kinder schon schwer nachvollziehbar. Es wäre gut, noch ein anderes Sinnesorgan anzusprechen. Anhand eines Gummibandes läßt sich Dehnfähigkeit sehr gut für das Auge kleiner Kinder demonstrieren.

Es war früher ein weit verbreitetes Mittel Jugendliche und insbesondere Mädchen vom Geschlechtsverkehr abzuhalten mit der Drohung vor gesellschaftlichen Sanktionen infolge unehelicher Geburten. Diese „Schande" verschlägt nicht mehr. Dennoch haben besonders Mädchen natürlich ***Angst*** vor zu frühen, ***unerwünschten Geburten***, weil sie dadurch in ihrem Werdegang und ihren Lebenschancen erheblich beeinträchtigt werden. Natürlich haben auch Jungen keine Sehnsucht danach. Aber beide, Mädchen und Jungen, haben Sehnsucht nach sexuellen Beziehungen.

Man sollte sich dessen bewußt sein, daß die Sexualkraft des Menschen um zwischen dem 15. und 17. Lebensjahr voll entfaltet ist, sie bleibt dann eine Zeit auf hohem Niveau, um danach langsam zurückzugehen. Wie wollte man denn nun angesichts dieser Tatsache Jugendlichen begründen, das heißt doch wohl einsichtig machen, daß er/sie das Triebleben zu unterdrücken habe, während — ätsch — ich als Vater, Mutter oder Lehrer das nicht brauche. Ich kann noch einmal auf den Ausspruch Kurt Seelmanns verweisen, den ich schon zitierte. Ich denke, niemand hat das Recht, jungen Menschen sexuelle Kontakte zu versagen, sondern es ist die Pflicht ihnen zu helfen, sie schön und angstfrei zu gestalten.

Auf die Art sexuellen Lebens in der „Koitus-Gesellschaft" habe ich bereits hingewiesen, diese Ausführungen mögen auch in diesem Zusammenhang wichtig sein. Aber das ist natürlich nicht ausreichend. Wer Jugendliche nicht ausreichend über die Möglichkeiten der Schwangerschaftsverhütung informiert (übrigens stets eine Aufgabe beider Beteiligten), sollte keine Krokodilstränen über zu frühe Geburten oder Abtreibungen weinen. Er/sie hat sich selbst disqualifiziert!

Beim Kind mag es ausreichen, wenn konkreter Anlaß nicht mehr erfordert, darüber zu informieren, daß Erwachsene es in der Hand haben zu steuern, ob ein Kind gezeugt werden soll oder nicht. Die einzelnen Möglichkeiten zu erwähnen kann sinnvoll sein, weil Kinder natürlich bestimmte Begriffe hören und sie einordnen können sollten (z. B. Pille).

Spätestens mit zwölf Jahren muß eine genaue Information von Mädchen wie Jungen erfolgen. Im Grunde hat man früher oft dem eigenen Erziehungsbemühen ein sehr schlechtes Zeugnis ausgestellt, wenn die Auffassung vertreten wurde, eine solche Information sei geradezu eine Aufforderung zum Geschlechtsverkehr. Eltern, ErzieherInnen und LehrerInnen sollten ruhig einmal etwas mehr Vertrauen in ihre eigene Erziehungsarbeit haben. Freilich können sie es wohl nur dann, wenn es eine „Liebeserziehung" in der von mir beschriebenen umfassenden Art war. Sexuelle Kontakte werden nicht aufgenommen, weil man über Schwangerschaftsverhütung Bescheid weiß. Aber wenn es zu koitalen Beziehungen kommt sollten junge Leute in der Lage sein, sich zu schützen.

Im Anhang dieses Buches sind notwendige Informationen aus ärztlicher Sicht enthalten.

Die klammheimliche Freude mancher Moralisten über die AIDS-Gefahr war vor Jahren nicht zu überhören, inzwischen dürfte jedem halbwegs normalen Menschen solch dummes Denken vergangen sein. Wieviele Menschen haben sich nicht diese Seuche in Krankenhäusern geholt und seither vielfältig und unwissend weitergegeben? Niemand werfe den ersten Stein! Und die Fälle, wo vorsätzlich andere Menschen angesteckt werden, dürften sich in Grenzen halten, aber natürlich gibt es Menschen, die ganz bewußt und gewollt die Schädigung anderer in Kauf nehmen.

Das, was mich bedrückt, ist wiederum die mangelhafte Information über AIDS. Die kurzschlüssigen Fernsehspots über Präservative als Allheilmittel bzw. Allschutzmittel mögen zwar der Volksberuhigung dienen und für politische Ruhe sorgen, aber das Problem lösen sie nur begrenzt.

Eltern, LehrerInnen und ErzieherInnen sollten mehr wissen. Sie sollten vor allem eins wissen und wirklich verinnerlichen: Die ***Angst vor AIDS*** hindert Jugendliche nicht an sexuellen Beziehungen, dazu ist die sexuelle Triebkraft zu stark. Der Schutz ist nicht Angst, sondern Information. Bekanntlich hindert die Angst vor Verhaftung auch keinen Bankräuber an seinem Tun.

Der einzige mögliche Schutz entsteht durch Information. Weil ich dieses Anliegen für zentral bedeutsam halte, habe ich mich entschlossen, ein Kapitel in den Anhang dieses Buches aufzunehmen, das die neuesten Erkenntnisse der Forschung darlegt und Verhaltensmaßregeln empfiehlt. Ich habe eine Ärztin und einen Arzt, die sich mit dieser Frage besonders auseinandergesetzt haben gebeten, dieses Kapitel zu schreiben.

Sowohl Eltern als auch ihre Kinder sollten über die ***gleichgeschlechtliche Sexualität*** Bescheid wissen. Dies ist notwendig, um nicht einerseits in unnötige Sorgen zu verfallen und andererseits um Gegebenheiten zu erkennen und anzunehmen.

Gleichgeschlechtliche Sexualität gibt es sowohl bei Männern als auch bei Frauen, daneben gibt es die Bi-Sexualität. Bisexuell sind Menschen, die sowohl mit dem eigenen als auch mit dem anderen Geschlecht befriedigende sexuelle Beziehungen aufnehmen können.

Wie homosexuelle und lesbische Prägung entstehen, wissen wir nicht. Sicher scheint nur eins zu sein: sie ist nicht angeboren, sondern entwickelt sich irgendwann in früher Kindheit. Das hat sicher nur begrenzt mit den Hormonen zu tun. Von deren Zusammensetzung her sind alle Menschen bisexuell. Es dürfte vielmehr etwas mit Prägungen aus der Umwelt eines Kindes zu tun haben. Dazu gibt es viele Thesen, keine ist schlüssig bewiesen. Und weil das so ist, wäre es auch sinnlos, sich darüber Gedanken zu machen.

Ich habe bereits darauf hingewiesen, daß gleichgeschlechtliche sexuelle Beziehungen während der Pubertät nichts mit einer Prägung zu tun haben, es sind Durchgangsphasen, sowohl bei Mädchen als auch bei Jungen. Es ist darüber hinaus unrichtig, eine Frau als Lesbierin zu bezeichnen, die beispielsweise nach einer extrem negativ verlaufenen Beziehung zu einem Mann, aus Enttäuschung heraus sexuelle Beziehungen zu Frauen sucht. Sie geht deshalb sexuelle Beziehungen zu Frauen ein, weil sie keine zu Männern mehr will, oder vorübergehend nicht will. Ebensowenig ist beispielsweise ein Strafgefangener, der während seines Gefängnisaufenthalts gleichgeschlechtliche Beziehungen hat, als homosexuell zu bezeichnen. Er wird dieses sexuelle Verhalten wieder ablegen, wenn er in Freiheit ist und Kontakte zu Frauen aufnehmen kann.

Die Sorge, pubertierende Jugendliche könnten durch Verführung Erwachsener homosexuell bzw. lesbisch werden, ist nicht begründet. Zwar ist es möglich, daß sie nach solchen Kontakten gleichgeschlechtliche Beziehungen weiterhin suchen und unterhalten, jedoch ist es richtiger zu sagen, daß diese Jugendlichen durch den Kontakt entdeckten, daß sie homosexuell/lesbisch sind. Viele Menschen entdecken ihre gleichgeschlechtliche Prägung erst sehr viel später. Grund dafür mag auch die Angst vor Ächtung sein, die betroffene Menschen veranlaßt, diese Erkenntnis wegzuschieben, also zu verdrängen. Es ist gar nicht selten, daß gleichgeschlechtlich geprägte Menschen lange mit einem/r Partner/in anderen Geschlechts in einer relativ unbefriedigenden Beziehung leben, ehe ihnen ihre anderen Bedürfnisse nicht nur bewußt werden, sondern sie auch dazu stehen können und wollen. Das führt mitunter zu zwischenmenschlichen Katastrophen.

Wenn Eltern bemerken oder erfahren, daß ihr eigenes Kind gleichgeschlechtlich orientiert ist, sind sie in der Regel erschüttert. Das ist in erster Linie darin begründet, daß gleichgeschlechtliche Sexualität bei uns seit Jahrhunderten gesellschaftlich und moralisch geächtet wird. Dazu kommt, daß Eltern natürlich wissen, wie schwer es ihr Kind in einer so geprägten Gesellschaft einmal haben wird. Schließlich wollen Eltern doch, daß es ihrem Kind einmal gut geht. Es fließen also zwei Gedankengänge im elterlichen Denken zusammen: Erstens die Vorstellung, ihr Kind sei unnormal oder gar sündig und zweitens die Sorge um seine Lebensperspektive.

Zunächst ist es wichtig, daß wir alle endlich aufhören, im Zusammenhang mit gleichgeschlechtlicher Prägung an unnatürlich oder krank oder auch verwerflich zu denken. Wir sollten endlich akzeptieren, daß Menschen so und anders sind, körperlich, seelisch, geistig, sexuell. Sie alle sind in ihrer Art natürlich und gesund. Und ob sie moralisch fragwürdig sind, wird an ihrem Verhalten abgelesen werden können. Homosexuelle, gleich ob Männer oder Frauen, können ebenso liebevoll, zugewandt und sozial sein wie andere Menschen. Sie unterscheiden sich von den heterosexuell veranlagten nur in einem einzigen Punkt: Ihre Sexualität ist auf Angehörige des gleichen Geschlechts gerichtet. Homosexuelle und Lesbierinnen können weder etwas für ihre gleichgeschlechtliche Prägung, noch können sie diese ändern, sie sind es und müssen mit sich selbst leben und zurechtkommen wie andere Menschen auch.

Eltern sollten aus dieser Kenntnis heraus ihren gleichgeschlechtlich geprägten Kindern helfen, zu sich selbst zu stehen, sich so anzunehmen, wie sie nun einmal sind. Und sie sollten sich schützend vor ihre Kinder stellen und sich bemühen, berufliche oder gesellschaftliche Nachteile von ihnen abzuwenden. Dazu werden sie über den Schatten eigenen Gewordenseins springen müssen. Es wird für sie sicher nicht einfach, die gleichgeschlechtlichen Lieben ihrer Kinder ebenso zu akzeptieren, wie sie andersgeschlechtliche akzeptiert hätten. Das eine ist so normal wie das andere.

Im Zusammenhang mit Homosexuellen wird bei uns oft der Begriff pervers gebraucht. Ich halte das für völlig unangebracht. Gleichgeschlechtliche Prägung ist nicht abartig, sondern liegt in der Art des Menschen, er kann es sein oder auch nicht. Pervers, ich sagte es an anderer Stelle, ist für mich etwas ganz anderes, nämlich ein unmenschliches Verhalten. Ist ein Verhalten dagegen liebevoll, zugewandt, sozial, verantwortlich, rücksichtsvoll, kurz mitmenschlich, dann mag es zwar auf sexuellem Gebiet anders als das anderer Menschen sein aber eben niemals pervers.

Sexuelle Unbefangenheit in der Familie

„Erziehung ist Liebe und Beispiel", sagte einmal der große Pädagoge Pestalozzi und die Erfahrung lehrt Eltern und BerufserzieherInnen, daß im Umgang mit Kindern nichts so sehr überzeugt, wie das eigene Leben, also das Verhalten. Wenn ein Vater oder eine Mutter etwas von ihrem Kind verlangen, es sehr gut und überzeugend begründen aber sich selbst nicht daran halten, wenn sie also anders leben als sie reden, werden sich Kinder am Vorleben und nicht am argumentativen Reden ausrichten. Das gelebte Beispiel ist entscheidend.

Das gilt natürlich auch im Umgang mit der Sexualität in der Familie. Ich will es beispielhaft deutlich machen, erschöpfend ist es freilich nicht möglich, weil das Leben stets andere, neue, unvorhersehbare Situationen schafft.

Nacktheit ist selbstverständlich - oder?

„Nacktheit, nein, das ist kein Problem, natürlich sehen uns unsere Kinder nackt", so die Aussage nahezu aller junger Eltern heute und doch wird Nacktheit immer wieder als Problem erlebt.

Da spielen Kinder im Sommer nackt im Garten des Kindergartens und spritzen sich naß und schreien. Vorbeigehende Erwachsene stören sich daran, machen entsprechende Bemerkungen und beschweren sich beim

Träger des Kindergartens. Es kommt zum Elternabend, die Meinungen sind geteilt: zu Hause ja, aber im Kindergarten...? Schon könnte man sich fragen, ob es eine kluge Entscheidung von Erzieherinnen ist, in unserer heutigen Gesellschaft auf einen einsehbaren Spielplatz im Kindergarten die Kinder nackt spielen zu lassen. Das gibt Probleme, und abfällige Bemerkungen vorbeigehender Erwachsener erschweren die Entwicklung zu sexueller Unbefangenheit. Wenn ein solcher Vorfall aber Anlaß ist, das Problem mit Eltern offen zu diskutieren, könnte es dennoch ein Gewinn sein.

Ein anderes Beispiel: Ein sechsjähriger Junge spielt zu Hause nackt im Garten. Er besprüht sich mit kaltem Wasser aus dem Gartenschlauch und quietscht vor Schreck und Lust. Plötzlich schaut die Nachbarin über die Hecke, wohl von dem Gejauchze angelockt. Sie sieht das nackte Kind und sagt zu ihm, er sei doch schon zu groß, um nackt herumzuspringen. Es höre sich an, als ob ein Ferkel quieke. Der Junge ist verdattert, läuft ins Haus, berichtet alles dem Vater. Der Junge will wissen, ob er sich anziehen müsse, weil die Nachbarin schimpfe und Ferkel gesagt habe. Darauf könnte der Vater sehr unterschiedlich reagieren. Er könnte aus Sorge vor Nachbarschaftsärger das Kind bitten, sich anzuziehen. Er könnte auch ohne weiteres das Gegenteil sagen, wenn es seiner Meinung entspräche. Beides würde nicht die sexuelle Unbefangenheit fördern. Vielmehr käme es darauf an, dem Kind die Haltung der Nachbarin verständlich zu machen und ihm gleichzeitig zu sagen, daß eigentlich an Nacktheit nichts Schlimmes sei. Dem Kind müßte erklärt werden, daß Nacktheit bei uns die Ausnahme, zum Beispiel in der Sauna, in Badeanstalten, beim Umziehen und Duschen, oder auch in einigen (FKK) Badeanstalten sei, sonst würden sich große Leute vor Fremden nicht nackt zeigen, kleinen Kindern dagegen sei es erlaubt, nackt zu sein. Im übrigen muß das Kind selbst entscheiden und jede seiner Entscheidungen ist akzeptabel. Entscheidet es sich für die Lust und nimmt die Reaktion der Nachbarin in Kauf, so ist es eine gute Entscheidung. Entscheidet es sich zum Ankleiden, weil ihm der Friede mit der Nachbarin wichtiger ist als die Lust am Nacktsein, so ist das auch eine gute Entscheidung, weil alle Menschen immer wieder in Situationen sind, die sie entweder durchstehen, weil es ein für sie sehr wichtiges Anliegen ist oder in denen sie nachgeben, weil anderes wichtiger ist. Wichtig ist, das Kind selber abwägen und entscheiden zu lassen, auch das muß gelernt sein.

Nacktheit ist selbstverständlich, wenn sie selbstverständlich ist. Ich kann es sehr schwer nachvollziehen, wenn LehrerInnen, die mit ihrer Klasse Sport treiben oder schwimmen gehen, den Kindern beim Duschen zuschauen oder sie auch auffordern nackt zu duschen, selbst aber angezogen daneben stehen oder sich in einem anderen Raum umziehen. Natürlich mag das ungewohnt sein, weil die eigene Erziehung eben doch anderes sagte, aber wird so körperliche Unbefangenheit gefördert? Freilich steht auf der anderen Seite die Frage, ob jemand, der beruflich erzieht, sich gegen eigene Ich-Bedürfnisse entscheiden muß. Wenn er/sie sich selbst fremden Kindern nicht nackt zeigen möchte, gibt es keinen Grund, es dennoch zu tun. Tut er/sie es aber nicht, kann es auch von den Kindern nicht verlangt werden. Vielleicht wäre es auch sinnvoll, den Kindern zu begründen, warum man nicht kann oder mag, zum Beispiel weil die eigene Erziehung im Wege steht. Das wird wohl der häufigste Grund sein. Von einem Erziehenden muß zumindest Ehrlichkeit erwartet werden.

Andererseits halte ich auch das Verhalten vieler ErzieherInnen und LehrerInnen nicht für vertretbar, die Modernität dadurch demonstrieren, daß sich alle — Jungen und Mädchen miteinander — gemeinsam ausziehen müssen; das hat nämlich auch etwas mit Intimitätsbedürfnissen zu tun, die respektiert werden sollten (darauf komme ich noch zurück) und natürlich auch mit bestimmten Entwicklungsabschnitten in der Pubertät, auf die ich an anderer Stelle bereits eingegangen bin.

Ein letztes Beispiel: Ein Vater geht nackt vom Schlafzimmer in das Badezimmer. Er kommt seinem zwölfjährigen Sohn zuvor, der den gleichen Kurs ansteuert. Der Sohn fragt den Vater, ob er denn dauernd nackt in der Wohnung herumspringen müsse. Es mag in der Situation bei dem Sohn zweierlei zusammengekommen sein, nämlich der Ärger über den schnelleren Vater und daß der Anfangspubertierende es einfach als „zu nahe" empfand den gleichgeschlechtlichen Vater nackt zu sehen. Der Vater reagierte und sagte „wenn es dich stört, mußt du nicht hinschauen", im Grunde die einzig richtige Reaktion im Sinne sexueller Unbefangenheit. Denn hätte der Vater sich künftig einen Bademantel angezogen, hätte er damit signalisiert, daß Nacktheit in der Familie keineswegs selbstverständlich ist. Ein schlechtes Beispiel für sexuelle Unbefangenheit!

Intimität

Eltern haben noch immer Schwierigkeiten im Umgang mit der eigenen Sexualität, wenn Kinder tangiert werden. Versetzte man sich in die beobachtende Rolle eines wachen Kindes, so würde sehr schnell die Überzeugung reifen, an der elterlichen Sexualität sei etwas zu Verbergendes, etwas, was sich wahrscheinlich nicht gehört, was nicht in Ordnung ist. Warum etwa schließen Eltern sonst wohl die Schlafzimmertür ab, wo man doch sonst Türen nur deshalb abschließt, weil man Ganoven fürchtet.

Warum bekommen es Eltern nur so schwer über ihre Lippen, dem sagen wir achtjährigen Sohn zu sagen, er möge sie in den nächsten zwei Stunden bitte nicht stören weil die Eltern miteinander schlafen wollen oder wie immer der Geschlechtsakt in der Familiensprache bezeichnet wird.

Schließlich tun die Eltern doch nichts Verbotenes, im Gegenteil etwas Schönes und ihre Partnerschaft Erhaltendes. Und es ist für Kinder allemal gut zu wissen, daß sich ihre Eltern sehr mögen und deshalb eben auch miteinander schlafen.
Ich höre förmlich die Einwände:

- dann kommen die Kinder erst recht angelaufen,
- die fragen doch dann nur, ob sie zusehen dürfen,
- mein Intimbereich geht die Kinder nichts an.

Mir ist es wichtig, an dieser Stelle etwas über Intimität und Intimitätserziehung zu sagen. Ist es nicht eigenartig, daß der Begriff „Intimität“ vor allem auch im Zusammenhang mit den Sexualorganen und mit sexuellen Begegnungen gebraucht wird? Mir will scheinen, das ist dann ein sehr eingeschränkter Intimitätsbegriff. Intim ist für mich das, was ich für mich behalten möchte, was ich allein tun will auf Dauer oder auch zeitweilig, wovon ich alle anderen ganz oder zum Teil ausschließe, was also mein Eigenleben betrifft. Ich denke, im Grunde ist ohne Intimität im so verstandenen Sinn kein Zusammenleben möglich. Jeder wird sich zum Beispiel an eine Situation erinnern können, wo er darüber nachdachte, wie anderen Menschen etwas gesagt werden könne, ohne zu verletzen. Solche Gedanken dürfen doch gerade nicht ausgesprochen werden, wenn sie ihren guten Sinn behalten sollen.

Es wäre sehr gut für eine Partnerschaft, wenn jeder des anderen Intimitätsraum respektieren würde und wenn offen darüber gesprochen werden könnte: „Ich mag jetzt noch nicht darüber sprechen, ich möchte das erst für mich zu Ende denken.“ Eine solche Äußerung darf kein Anlaß zur Verstimmung sein. Wir müssen uns alle um Geduld miteinander bemühen.

Ein Recht auf Intimität wird freilich auch nicht nur ein einzelner Mensch, sondern auch ein Paar für sich beanspruchen dürfen. Eltern sollten das ihren Kindern gegenüber sehr deutlich vertreten. Es gibt viele Menschen, die obwohl „erwachsen“, im Grunde unreif geblieben sind. Etwa das Breittreten sexueller Erlebnisse mit Dritten, das Ausplaudern von Erlebnissen schöner Stunden, anvertrauer Gedanken oder beobachteter inniger Gefühlsäußerungen oder Verhaltensweisen sind ein ungeheuerlicher Bruch von Vertrautheit. Eltern sollten auch das ihren Kindern vermitteln.

Auch Kinder haben ein Recht auf Intimität, auf Anerkennung und Respektierung ihres Eigenbereichs. Wenn zwei Kinder miteinander tuscheln, dann geht das andere nichts an, denn Kinder tuscheln ja gerade deswegen, weil es kein anderer hören soll. Oder wenn Kinder die Tür ihres Zimmers schließen, dann hat diese eben für Erwachsene und andere Kinder geschlossen zu sein. Niemand hat ein Recht, sie ohne Erlaubnis zu öffnen. Kinder müssen am eigenen Leben den Wert der Intimität erfahren und sie müssen ihn vorgelebt bekommen. Ich würde beispielsweise mein Kind, das von einer vertraulichen Äußerung eines Freundes oder einer Freundin berichten will, fragen, ob der Freund/die Freundin damit einverstanden sei, wenn es mir weitererzählt wird. Das Kind muß lernen, Vertraulichkeit und Intimität zu achten. Das gilt natürlich auch für das Bedürfnis jugendlicher Kinder, über ihre Liebesbeziehungen zu berichten. Bei allem Interesse und aller Teilnahme sollten Eltern Intimitätsverletzungen nur dann zulassen, wenn ihr eigenes Kind verletzt wurde und diese Verletzung verarbeiten muß und dabei Hilfe braucht.

Zurück zur Sexualität der Eltern. Wenn die Intimität der Kinder geachtet wird, kann man ihnen gegenüber auch sehr nachdrücklich eigene Intimitätsbedürfnisse vertreten. Man braucht sich dabei auch keine großartige Begründung aus den Fingern zu saugen, sondern kann dem Kind schlicht und einfach sagen, daß man alleine sein will „...wie du neulich auch von mir nicht gestört sein wolltest". Es gibt Dinge, die tut man gerne allein, und es gibt andere, die man mit einem oder auch mit mehreren Menschen gemeinsam tun kann und will. Alles hat zu seiner Zeit eine Berechtigung.

Was aber ist denn an der Sexualität wirklich intim? Manche Erwachsene finden die bildliche Darstellung des Geschlechtsverkehrs als intimitätsverletzend. Mich kann diese Auffassung nur erstaunen. Intim ist doch wohl nicht, was alle tun. Deshalb kann zumindest die gezeichnete, bildliche Darstellung niemals intimitätsverletzend sein. Bei der Fotografie wären die Grenzen schon eher berührt. Intim an einer sexuellen Beziehung ist meines Erachtens nicht die Tatsache, daß ein Paar Geschlechtsverkehr hat, das ist selbstverständlich, sondern wie es ihn hat. Mit anderen Worten: die Begegnung zweier ganz konkreter Menschen mit ihren persönlichen Empfindungen und Äußerungen ist sicher intim, weil sie deren individuelle Lebensäußerung ist.

Insofern haben Kinder im elterlichen Schlafzimmer nichts verloren, aber natürlich dürfen sie wissen, daß auch ihre Eltern sexuelle Beziehung leben.

Und die letzte Angst der Eltern: Kinder im Alter von acht Jahren werden sehr wohl die elterlichen Intimitätsbedürfnisse respektieren können, dagegen wäre ein Vierjähriger sicher überfordert. Alles will schließlich gelernt sein.

Ich finde, eine abgeschlossene Tür in einer Familienwohnung ist im Grunde eine unerträgliche Mißtrauensäußerung oder eine Demonstration der Heimlichkeit und Unaufrichtigkeit. Aber was sollen Eltern tun? Wenn sie ihren älteren Kindern nicht sagen, warum sie nicht gestört sein wollen, werden für Kinder peinliche, und für Eltern störende Schlafzimmerbesuche nicht zu vermeiden sein. Wollen Eltern also ein vertrauensvolles und von gegenseitiger Achtung der Bedürfnisse geprägtes Familienleben haben, ist Abschließen unmöglich und Sprechen und Erklären unerläßlich.

Dies wird bei dem sechsjährigen Kind kaum gelingen. Es wird in der Nacht nach einem schlechten Traum oder auch am Tage sehr spontan seine Eltern aufsuchen. Man sollte sich also innerlich darauf einstellen, im unrechten Zeitpunkt Besuch im Schlafzimmer zu bekommen. Aber was macht das schon? Natürlich wird man gestört sein und natürlich wird das Kind fragen: „Was macht ihr da?". „Wir haben uns lieb". „Ich will auch liebhaben". „Na gut, dann komm". Man wird also eine Weile gemeinsam mit dem kleinen Kind streicheln und küssen, bis es entweder eingeschlafen ist und in sein eigenes Bett getragen werden kann oder bis es das dauernde Kuscheln und Schmusen langweilig findet und wieder verschwindet. Und ... aufgeschoben ist schließlich nicht aufgehoben.

Wer nicht spricht, wertet ab

Wie soll sexuelle Unbefangenheit wachsen, wenn Sexualität als Gesprächsthema praktisch tabu ist? Dabei gäbe es viele Anlässe, auch über sexuelle Fragen beim Mittagstisch oder in einer vertrauten abendlichen Familienrunde zu sprechen. Wie oft steht nicht etwa über Fragen der Geburtenkontrolle oder der Abtreibung etwas in der Zeitung, beinah täglich gibt es Fernsehspots über AIDS. Auch über sexuellen Mißbrauch wird oft in der Öffentlichkeit berichtet, nackte Frauen in eindeutigen Posen werden in Zeitschriften abgebildet und Pornohefte kursieren in Schulen. Jedes dieser Themen könnte doch auch in der Familie angesprochen werden, wenn Kinder zugegen sind: „Du, ich lese hier gerade etwas, meinst du, daß natürliche Geburtenregelung wirklich so sicher ist wie die Pille?" Warum kein Gedankenaustausch vor Kindern, was soll daran schaden oder negativ sein?

Oder die Frage, was eigentlich Homosexualität sei und wie es kommt, daß manche Menschen homosexuell sind. Was machen die eigentlich wirklich? Auch hier würde es Kindern mehr helfen, wenn Erwachsene in ihrer Gegenwart darüber sprechen könnten.

Einmal abgesehen von der Frage, ob Kinder solche Gespräche mitvollziehen können, das wird bei jüngeren Kindern nicht immer der Fall sein, erleben sie dennoch mit, daß in der Familie nicht nur über Müllentsorgung, Haushaltsgeld, Teuerung und Angst vor Arbeitslosigkeit gesprochen wird, sondern auch über das zentral bedeutsame „Thema Nr. 1"!

Doktorspiele

Ob Kinder Sexualität als etwas Normales und Selbstverständliches erleben und begreifen können, wird auch davon abhängen, wie Erwachsene auf kindliche Erkundungs- und Erlebnisbefürfnisse reagieren. Und es ist sicher sinnvoll, ihre Lernschritte zu bestätigen und zu akzeptieren: „Weißt du jetzt wie Mädchen aussehen?“ Oder: „Du hast dir die Helga angeschaut, sieht sie anders aus als du? Sehen eigentlich alle Leute so aus?“

Andererseits muß natürlich auch hier wieder das Intimitätsbedürfnis von Kindern, die sich ein Zelt mit Decken gebaut haben um dort ungestört spielen zu können, geachtet werden.

Emotionale Bildung

Ich habe als einen Bereich der Erziehung zur Liebesfähigkeit die emotionale Bildung genannt. Emotionen spielen in Liebesbeziehungen bei uns von Anfang an eine ganz herausragende Rolle. Aber auch, wenn eine Beziehung schon länger besteht, haben die Menschen in unserem Kulturkreis eine sehr hohe Erwartung an einen immerfort blühenden Rosengarten. Ich würde sogar behaupten, daß bei uns viele Beziehungen in der Gefahr stehen, gefühlsmäßig überfrachtet zu werden. Wir alle erwarten sehr viel emotionale Befriedigung und vor allem absolute emotionale Sicherheit in unseren Beziehungen. Werden diese — überzogenen — Erwartungen nicht erfüllt, sind viele Menschen zutiefst enttäuscht, viele Paare trennen sich wieder in der Auffassung, die Beziehung habe die Erwartungen nicht erfüllt.

Dieser sehr hohen emotionalen Erwartung steht im Grunde ein Vakuum emotionaler Bildung gegenüber, ich meine sogar, wir lassen diesen wichtigen Bereich menschlichen Lebens geradezu verludern.

Ich will versuchen, einige Überlegungen zu formulieren.

Gefühle ernst nehmen

Wir alle bilden uns so enorm viel auf unseren Verstand ein und sind bemüht, durch ihn Anerkennung zu finden. Gefühle und Gefühlsäußerungen nehmen wir nicht gleichermaßen ernst. Darauf deuten mannigfache Redensarten hin: „sie hat nahe am Wasser gebaut“, „er hat ein kindliches Gemüt“, „Mitleid ist Dummheit“. Alles sind eigentlich Bemerkungen, die zumindest eine leichte Rüge enthalten, nämlich die, Gefühle nicht ausreichend zu kontrollieren. Freilich ist wohl eher gefordert, die Gefühle außerhalb der Familie unter Kontrolle zu halten, denn innerhalb der Familie möchten die meisten Menschen „ich selbst sein dürfen", also auch mit den Gefühlen Anerkennung zu finden. Frauen erwarten sich einen einfühlsamen Mann, Männer eine zärtliche Frau. Das fällt nicht vom Himmel! Entweder ich erziehe Menschen dazu, ihre und anderer Menschen Gefühle ernst und wichtig zu nehmen und zu achten, oder man wird sich daran gewöhnen müssen, daß es härter und kälter in Beziehungen wird.

Eine erste wichtige Forderung für den Erziehungsalltag lautet, daß Gefühle der Freude, der Trauer, des Kummers, der Wut, der Enttäuschung, der Liebe, der Zuneigung stets ernstgenommen, nie verlacht oder bagatellisiert werden dürfen. Es kommt darauf an, die Gefühle der Kinder zuzulassen, sie als wichtige und bedeutsame Lebensäußerungen zu sehen und sich zu bemühen, Gefühle zu kultivieren, das heißt in einer Weise zu fördern und zu steuern, daß sie möglichst dem Zusammenleben dienen können, es aber möglichst wenig gefährden.

Gefühle ernst zu nehmen, heißt auch, sie zu erkennen. Ein mit schlechten Schulnoten nach Hause kommendes Kind zu tadeln, ist in jeder Beziehung wenig hilfreich. Ihm dagegen zu bedeuten, daß man sehr wohl weiß, wie traurig oder ärgerlich es über das Ergebnis ist, verstärkt das Gefühl des Angenommenseins, die Vertrauensbasis und gibt Mut, es erneut zu versuchen.

Gefühle pflegen

Gefühle müssen gepflegt werden, sonst verkümmern sie. Dabei spielt das Einfühlen in einen anderen Menschen vielleicht sogar die überragende Rolle: Wann wird ein Mensch sich freuen, wann wird er traurig sein, wann verletzt?

Um ein Beispiel zu nehmen, finde ich es einfach entsetzlich, Kindern oder anderen nahestehenden Menschen Geld zu schenken, gleich aus welchem Anlaß, damit sie sich selbst etwas kaufen können. Hier wird einfach die fehlende Bereitschaft deutlich, über einen anderen Menschen nachzudenken, um selbst darauf zu kommen, was ihn erfreuen könnte. Natürlich kann man sich dabei auch vertun und man wird sich sicher desto häufiger vertun, je innerlich oder auch äußerlich entfernter ein Mensch ist oder je weniger man sich im Einfühlen und Eindenken aber auch im Beobachten übt. Diese entsetzliche Bequemlichkeit zeigt sich übrigens auch in „Seriengeschenken", d. h. alle bekommen das gleiche geschenkt. Sie hat ihre Ursache in einer sehr begrenzten Zugewandtheit. Und sie wird weitervermittelt: das Kind lernt, daß es einfach und bequem ist, anderen Menschen entpersönlichte Geldgeschenke oder das teure Seriengeschenk zu überreichen. Und es lernt, daß alle Freude heucheln.

Dieser Lernvorgang wiederholt sich, wenn Eltern beispielsweise ihren Kindern Geld für gute Schulleistungen geben, anstatt dem Kind gegenüber der Freude Ausdruck zu geben und aus persönlicher Freude heraus etwas Persönliches zu schenken oder unternehmen. Und: kann Freude über die vier im Zeugnis eines schwach begabten Kindes nicht sogar größer sein, als die eins bei einem hochbegabten, dem ohnehin alles „im Schlaf" zufällt?

Gemeinsames Überlegen mit Kindern, worüber sich Dritte wohl freuen würden, läßt das Darüber-Nachdenken zur Selbstverständlichkeit werden und ermöglicht die Erfahrung der Freude an der Freude anderer. Übrigens reicht das bis in den sexuellen Bereich hinein: Lust an der Lust des anderen zu empfinden, ist eine hohe Stufe der Zugewandtheit.

Andererseits ist es aber ebenso wichtig zu lernen, sich in die Trauer, das Leid anderer Menschen einzufühlen und zu versuchen, diese Trauer und dieses Leid erträglicher zu machen.

Gefühle pflegen, heißt auch den Lebensraum schön zu gestalten, so daß es jemanden bereichert, diesen schönen Raum zu betreten. Einen Raum schön zu gestalten, einen Tisch schön zu decken, sich selbst geschmackvoll zu kleiden, das heißt anziehend zu machen (das hat wenig mit „teuer" zu tun) sich selbst und anderen „zu Liebe" ist gleichermaßen eine Aufgabe der Partnerschaftsbereicherung und in der Erziehung zur Liebesfähigkeit. Dabei ist, an anderer Stelle machte ich es deutlich, die Liebe zu sich selbst durchaus positiv als Voraussetzung der Zuwendung zu anderen Menschen einzuschätzen.

Für eine Partnerschaft ist es natürlich auch wichtig, zu bemerken und anzuerkennen, wenn jemand bemüht ist, einem anderen eine Freude zu machen oder das Leben zu erleichtern. Wenn Dale Carnegie in seinem Bestseller „Sorge dich nicht, lebe" empfiehlt, keine Dankbarkeit zu erwarten, damit man nicht enttäuscht werden kann, dann geht das an den Realitäten menschlichen Gefühlslebens völlig vorbei. Natürlich sind wir alle verletzt, wenn ein geliebter Mensch nicht bemerkt, daß wir uns um ihn bemühen, ihn erfreuen wollen. Und so gehört es sicher zur Liebeserziehung, Kinder zur Dankbarkeit zu erziehen, man könnte auch „zur Anerkennung" sagen. Auch hier ist das Vorbild der Eltern gefragt. Abfällige Bemerkungen etwa über ein Geschenk eines Verwandten wie „da hat er sicher Geld sparen wollen", nur weil es ein selbstgearbeitetes Geschenk war, steht einer solchen Erziehung entgegen. Die Bemerkung hätte ja auch „das hat sicher viel Mühe gemacht" lauten können. Sie würde ein anderes Lernen bewirken. Es kommt darauf an, Kindern vorzuleben, andere Menschen und ihr Tun nicht zunächst negativ einzuschätzen, sondern die Triebfeder für ihr Tun zu suchen und zu verstehen. Das, was andere Menschen uns Gutes tun wollen, ohne dazu verpflichtet zu sein, ist nicht selbstverständlich, sondern anerkennenswert. Kinder, die das erfahren haben, kommen später weniger in Gefahr, die Gefühle anderer — geliebter — Menschen zu verletzen und damit Beziehungen zu belasten. Alles, was wir tun, hat Folgen, im Guten oder im Schlechten, dies zu wissen und erfahren zu haben ist wichtig für den Bestand von Beziehungen.

Annehmen lernen

Annehmen stellt sicher höhere Anforderungen als Toleranz, wenngleich ohne eine tolerante Grundhaltung Liebe unvorstellbar wird. Der Unterschied liegt darin, daß ich eines anderen Menschen Eigenheiten, mit dem ich nicht sehr nahe zusammenleben muß, nicht zu bewerten brauche. Ich kann sie tolerieren, weil sie mein eigenes Leben im Grunde nicht oder nur geringfügig beeinflussen. Wir suchen alle nach Menschen, die mit uns übereinstimmen, mit unseren Meinungen, Einstellungen, Interessen oder Verhaltensweisen. Das sind die Menschen, mit denen wir befreundet sind oder die wir lieben können. Jedoch wird nie eine völlige Übereinstimmung erreichbar oder auch nur wünschenswert sein. Wenn sich jemand entschließt, einen anderen Menschen dennoch zu lieben, dann setzt das voraus, daß er sich in der Lage glaubt, die Andersartigkeit des anderen dort, wo es keine Übereinstimmung gibt, anzunehmen. Das heißt aber gerade nicht, den anderen gewähren zu lassen, sondern ihn sogar in seinem Anderssein zu unterstützen und zu bestärken und sich selbst zu bemühen, offen für seine Gedankengänge oder seine Empfindungen zu sein.

Annehmen heißt nun aber nicht, kritiklos zu werden. Es wäre für mich unvorstellbar, eine sportbegeisterte Partnerin nicht auf die Probleme des Leistungssports hinzuweisen und mich mit ihr darüber auseinanderzusetzen.

Es kommt darauf an, Kindern diesen Unterschied zu verdeutlichen, sie sensibel dafür zu machen, welche Andersartigkeit sie bei anderen tolerieren und welche sie wirklich annehmen können. Wenn ich einen anderen Menschen nicht „riechen“ kann, ist er vielleicht noch tolerierbar, sicher aber nicht annehmbar. Im ersten Rausch der Verliebtheit werden tiefgreifende Andersartigkeiten oft übersehen, was später zu Katastrophen führen kann. Andererseits freilich verhindern Andersartigkeiten ebensooft Verliebtheiten: Ausgewogenheit wäre hier ein falscher Begriff.

Verkümmerung von Gefühlen

Die Erziehung ist bei uns sehr stark auf Rationalität, Konkurrenz und Durchsetzungsvermögen ausgerichtet, weniger dagegen auf Miteinander und Emotionalität. Schulische Leistungsfähigkeit hat einen hohen Stellenwert, andere Zielsetzungen sind oft nachrangig. Machen sich Eltern und andere Erziehende eigentlich klar, was das bedeutet? Höchste Leistung und Durchsetzungsvermögen in Schule, Studium und Beruf kann durchaus zu mangelnder Zuwendungsfähigkeit führen. Nicht umsonst gilt etwa in sozialen Berufen der „Prüfungseinser" wenig, er läßt eher mit Zurückhaltung reagieren. Sind doch Menschen, die stets beste Noten erreichten und auch erreichen wollten sehr häufig zutiefst davon überzeugt, immer „richtig zu liegen", alles besser zu wissen und zu können als andere, über jede Situation die „richtige" Meinung, das „richtige" Urteil zu haben. Sie sind ja eben „Einser", also besser als andere und stehen deshalb oft in der Gefahr, andere Menschen, ihre Gewohnheiten und Eigenheiten wenig zu achten, sie im Grunde stets als „falsch" einzustufen. Solche Menschen haben es schwer in Partnerschaften und vor allem ihre Partner mit ihnen; sie haben es aber auch schwer im Umgang mit vermeintlich oder tatsächlich nachgeordneten Mitarbeitern, denen sie ihre volle Überlegenheit stets zu vermitteln wissen, und damit sich selbst und anderen das Leben verbittern. Sie sehen jedoch nie oder höchstens nach schweren Lebenskrisen ein, daß sie selbst die Auslöser sind.

Erziehung müßte also im Sinn emotionaler Bildung sehr zurückhaltend sein mit der Forderung höchster Leistungen und Konkurrenzfähigkeit, weil solche Eigenschaften partnerschaftlichem Zusammenlebens eher abträglich als förderlich sind. Die Einfühlungsfähigkeit anderen Menschen gegenüber geht verloren, wenn sie stets am eigenen Ich gemessen werden. Wenn freilich die Unterordnung klar und unbestritten ist, können solche Menschen „rührend" besorgt sein, aber ist das Partnerschaft?

Gefühle verkümmern heute aber noch durch ganz andere Einflüsse.

Wir hatten in der Paarberatung einen Mann, der sich über viele Jahre hinweg wöchentlich mehrere Pornofilme anzuschauen pflegte. Sein Verhalten seiner Partnerin gegenüber wurde immer grober und immer weniger einfühlsam, sein sexuelles Empfinden sprach nur noch auf sehr starke Reize an. Er hielt seine Partnerin für nicht „normal", weil sie sich außerstande sah, seinen immer extremeren und akrobatischeren Wünschen entgegen zu kommen, sie fühlte sich „instrumentalisiert". In der Tat vermögen audio-visuelle Einflüsse auf Dauer so stark zu beeinflussen, daß sie Menschen erheblich verändern, in diesem Fall die feinere Emotionalität nahezu vollständig zum Verschwinden zu bringen, eine Entwicklung, die kaum korrigierbar ist.

Aber das fängt natürlich bereits auf anderer Ebene an. Menschen, und vor allem Kinder, die sich sehr häufig Gewaltdarstellungen in Fernsehen oder Video ansehen bzw. sie miterleben, verlieren nach und nach ihre Mitleidensfähigkeit, sie stumpfen gegenüber dem Leid anderer Menschen ab, Gemeinheiten gewinnen für sie den Charakter heutiger Selbstverständlichkeit. Ich habe für das soziale und gesellschaftliche Zusammenleben die ungeheure Flut von Gewaltdarstellungen im Fernsehen schon immer als politisch unerträglich angesehen. Wohin das führt, sehen wir heute an brennenden Häusern und zusammengeschlagenen Menschen. Wir machen uns jedoch viel zu wenig bewußt, daß solche Mitleidlosigkeit natürlich auch in den privaten Bereich überschwappt und damit zu verbaler und körperlicher Gewalt führt, die sich von Generation zu Generation verstärkt. Ich kann die Äußerung eines Vaters seinem Kind gegenüber nicht vergessen, der das Mädchen, das sich fürchterlich wehgetan hatte, kalt fragte: „Brauchst du Mitleid?“ Ich denke, dieser Vater wird einmal die Quittung für seine Erziehung bekommen.

Sicher gehört es heute zu den wichtigsten Erziehungsaufgaben darauf zu achten, daß der emotionale Bereich eines heranwachsenden Menschen nicht durch verschiedene Einflüsse geschädigt wird. Ich halte das für eine sehr schwere, wenn nicht die schwerste Aufgabe.

Ich denke, es ist deutlich geworden, welchen wichtigen Stellenwert emotionale Bildung für das Gelingen einer Partnerschaft hat. Viele dieser Bereiche werden sicher nicht unter dem Aspekt der Liebeserziehung gesehen und sie sind es ja auch nicht nur, aber Liebeserziehung durchdringt eben auch viele andere Erziehungsbereiche, sie ist eingebunden in die Gesamterziehung.

Partnerschaft lernen

Ich wiederhole mich sehr ungerne. In meinen Büchern für Kinder und Jugendliche habe ich erklärt, was alles dazu gehört, liebesfähig zu werden, und hier habe ich im Kapitel „Ziele der Liebeserziehung“ eine Auflistung gegeben. Deshalb beschränke ich mich jetzt darauf, auf einige wichtige zusätzliche Bereiche einzugehen oder zu ergänzen.

Schonraum Familie

Familie, gleich ob die Eltern verheiratet sind oder in anderer Form zusammenleben, ist heute der letzte Schonraum für Mitmenschlichkeit in einer von Konkurrenz, Neid, Übervorteilung und Ellenbogenmentalität gekennzeichneten Gesellschaft. In der funktionierenden Familie gelten andere „Gesetze" als außerhalb. Dort können Kinder die Erfahrung machen, daß Familie eine Freud- und Leidgemeinschaft ist, in der man aufgehoben bleibt, wenn man draußen „am Boden zerstört wurde", in der man weder verhöhnt noch verlacht wird, in der man Freude teilt, aber auch im Leid getröstet wird, in der man Fehler eingestehen kann, vielleicht sogar schweres Fehlverhalten, ohne fallengelassen zu werden. Natürlich können weder Eltern gegenüber ihren Kindern noch Partner untereinander alles billigen, was geschehen ist, aber Kinder müssen erfahren und Partner müssen wissen, daß sie dennoch geliebt werden, daß sie nicht herausfallen. Ich habe immer Eltern bewundert, deren Kinder schwerste Straftaten begingen und die dennoch zu ihrem Kind standen, nicht entschuldigend aber auffangend, nicht baggatellisierend aber verzeihend.

Es gibt nichts Förderlicheres für die kindliche Entwicklung als die Erfahrung, daß Partnerschaft und Familie Ort des Vertrauens und des Zusammenhalts ist. Es muß Kindern gleichsam unter die Haut gegangen sein, daß alles in der Familie besprochen werden kann ohne Furcht vor Nachteilen. So wird ihnen der Wert dieser Beziehung erfahrbar und nachvollziehbar. Ein Mädchen, das einen neuen Freund hat und sich darüber freut, sollte Mitfreude bei den Eltern erleben, nicht sorgenvolles Kopfschütteln oder ein Junge, der ein Mangelhaft aus der Schule mit nach Hause bringt, sollte sicher sein, keine Vorwürfe zu hören sondern mittrauern zu erleben.

Über diesen Schonraumcharakter hinaus hat Familie aber auch weitere wichtige Aufgaben in der Liebeserziehung, die sich in verschiedenen Anforderungskreisen zusammenfassen lassen:

- Sie sollte vorleben, was Liebesfähigkeit insgesamt bedeutet.
- Sie sollte reflektierte Werte für ein liebevolles Zusammenleben vermitteln.
- Sie sollte die Tabuisierung sexuellen Lusterlebens überwinden und der Sexualität im Empfinden des Kindes/Jugendlichen einen postiven und angstfreien Platz sichern.
- Sie sollte selbstverständlicher Ort des Gesprächs über alle mit Sexualität, Verliebtheit und Liebe zusammenhängenden Fragen und Wünsche sein.
- Sie sollte traditionelle Rollen- und Verhaltensmuster gezielt in Frage stellen und überwinden.

- Sie sollte den Liebesbedürfnissen aller Mitglieder differenziert Raum bieten.

Ich weiß, daß das zum Teil Wunschvorstellung und zum Teil eben deshalb auch überzogene Forderungen sind. Eltern sollten den Mut zur Lücke haben. Nicht alles kann im Erziehungalltag umgesetzt werden, jedoch ist es wichtig zu wissen, was nötig wäre. Und aus diesem Strauß werden dann die Bereiche ausgewählt, die in der eigenen Situation und in der Situation der Partnerschaft realisiert werden könnten. Ich möchte ausdrücklich davor warnen, etwas erzwingen zu wollen, was in dieser Familie mit diesen Mitgliedern nicht geht. Da werden nur Kräfte verschlissen und Mutlosigkeit durch Mißerfolg hervorgerufen. Es ist besser, wenige Schritte gut zu tun, als alles erreichen zu wollen und nichts ganz tun zu können.

Gelebte Partnerschaft als Vorbild

Wo sonst als in der Familie können Kinder hautnah am konkreten Beispiel Partnerschaft erleben? Es wäre gut für sie, wenn sie Eltern hätten, für die Gleichberechtigung, Gleichwertigigkeit, Selbstbestimmtheit keine leeren Worte sind. Dies wird sich in vielen Einzelheiten äußern.

Nehmen wir das Beispiel der ***Geschlechterrollen*** und der Aufgabenteilung. Nach der überkommenen Rollenvorstellung waren Frau und Mann bestimmte Aufgaben zugewiesen. Heute sollten die Aufgaben unter anderen Gesichtspunkten verteilt werden. Es gilt zu fragen, wer kann was besser und auch, wie kann dafür gesorgt werden, daß allen Familienmitgliedern Freiräume gesichert und unangenehme Pflichten nicht stets nur von einem erfüllt werden müssen. Solche Überlegungen und vielleicht auch ein damit verbundenes Aushandeln zwischen Partnern sollten Kinder durchaus miterleben können. So zum Beispiel, wenn über die Frage gesprochen wird, wer von den Eltern besser in der Lage ist, ausreichend Geld zu verdienen und wer demzufolge zu Hause bleibt und die Familienarbeiten erledigt. Vielleicht sind es auch beide, die sowohl teilweise berufstätig und teilweise für Kinder und Haushalt zuständig sind.

Bei gegebener Rollenverteilung stellt sich weiterhin die Frage, wie am Wochenende, wo alle zu Hause sind, die anfallenden Arbeiten neu verteilt werden, was dann natürlich auch die Schulkinder betrifft, die am Wochenende ja ebenfalls ihrem „Beruf“ nicht nachzugehen brauchen. Nach der überkommenen Geschlechterrollenverteilung war das klar: Die Mutter mußte die Arbeit machen, der Vater streckte die Beine unter den Tisch, weil er ja schließlich die ganze Woche über gearbeitet und nun ein Recht auf Feiertag hatte. Man mag daraus sehen, wie geringwertig Hausarbeit und Kindererziehung angesehen waren. Erst seit auch Männer solche Arbeiten verrichten, merken sie, daß das auch Arbeit ist.

Aber natürlich richtet sich die Verteilung der Arbeit nicht nur nach der außerhäuslichen Berufstätigkeit, sondern eben auch nach der Beliebtheit der Arbeiten. Es steht nirgends geschrieben, daß die Frau stets das WC putzt und der Mann den Geschirrspüler bedient. Auch Kinder müssen am Wochenende zu den Familienaufgaben mit herangezogen werden, sie müssen Gelegenheit bekommen „ihren" Beitrag am Funktionieren der Familie zu leisten. Das ist Lernfeld für Partnerschaft. Es ist aber auch wichtig für die Entwicklung des Selbstwertgefühles.

Selbstbewußtsein und Selbstwertgefühl wurden auch dadurch entfaltet oder in der Entwicklung behindert, wie Eltern mit ihren Kindern umgehen, was sie gestatten, was verbieten, welche Entscheidungsräume sie eröffnen oder versagen.

Insbesondere Mädchen machen noch immer in vielen Familien die Erfahrung benachteiligt zu sein, wenn auch nicht mehr ganz so schlimm wie früher. Aus Angst vor zu frühen Kontakten mit Jungen engen viele Eltern noch immer die Bewegungsfreiheit der Mädchen stärker ein, besonders was das abendliche Nachhausekommen oder die Reisewünsche der Mädchen anbelangt. Natürlich sind Mädchen stärker durch gewaltsame Übergriffe gefährdet. Wenn diese Sorge dahinter steht, muß gemeinsam überlegt werden, wie Gefährdungen vermieden werden können. Mädchen „einzusperren" ist kein Weg! Selbstbewußtes Auftreten, Fähigkeiten zur Selbstverteidigung, was nicht nur körperliche Reaktion heißt, und Unterstützung durch die Familie oder auch durch gute Bekannte und Freunde/Innen sind dagegen hilfreich.

Mädchen machen auch die Erfahrung, daß Jungen körperlich stärker sind und das auch ausnutzen. Und sie merken, daß ihre eigenen Berufschancen gemessen an denen der Jungen schlechter sind. Das alles läßt manche Mädchen auf ihr Frauendasein ausgesprochen ärgerlich werden. Manche resignieren und passen sich den gesellschaftlichen Zwängen an. Sie schlüpfen in die Rolle, die ihnen alberne Frauenzeitschriften und die Werbung vorzeichnen, nämlich lieb und anschmiegsam zu sein. Damit aber verpassen sie viele Lebenschancen. Es wäre wichtig für sie, ihr Frausein freudig anzunehmen und sich dazu zu bekennen. Eltern sollten ihnen dabei helfen, sie nicht einschränken, sondern fördern, ihnen vertrauen und etwas zutrauen. Gerade Mütter sind hier gefragt, die selbst an sich arbeiten, selbstbewußt ihre Interessen vertreten, Verantwortung nicht nur zu Hause tragen, sondern sich auch öffentlich engagieren.

Auch ***Macht- und Besitzansprüche*** färben ab. Für Kindern zeigt sich ob Partnerschaft gelebt wird, und also auch für sie selbst attraktiv sein könnte, nicht zuletzt daran, ob sich die Partnerschaft der Eltern als Unterordnung und Unterwerfung auf der einen Seite und in Machtansprüchen auf der anderen äußert. Es lassen sich beispielhaft Fragen formulieren:

- Wird das Familieneinkommen offengelegt und wer bestimmt über die Verwendung, nimmt sich ein Partner Sonderrechte heraus?
- Wer bestimmt, welches Fernsehprogramm eingeschaltet wird?
- Wie wird die Frage des Urlaubsziels diskutiert und entschieden?
- Wie werden überhaupt gemeinsame Vorhaben geplant und in welchem Verhältnis stehen die Bedürfnisse einzelner Familienmitglieder und der Familie als Einheit, und wer formuliert die Familienbedürfnisse?
- Welche Rücksicht wird auf den jeweils Schwächsten genommen aber natürlich auch, wie wird verhindert, das der Schwächste seine Schwäche ausspielt um die anderen unter Druck zu setzen?

Die Antwort auf solche und ähnliche Fragen legt das Familienklima offen. Ist es eine partnerschaftliche Familie oder ist ihr Leben von Überordnung und Unterordnung geprägt. Das Kind, das erlebt, wie der Elternteil des gleichen Geschlechtes „untergebuttert" wird, kann kaum in einer Familie ein erstrebenswertes Ziel sehen. Das Kind aber, das sich mit dem mächtigeren Elternteil identifiziert, wird später mit hoher Wahrscheinlichkeit ähnliches versuchen und damit zunehmend bei der Partnersuche auf Schwierigkeiten stoßen. Ist das ein Unglück? Ich meine ja, eben weil heute Partnerschaft einen immer höheren Stellenwert für die soziale und seelische Gesundheit von Menschen bekommen hat, wie ich eingangs erklärte.

Ein chinesisches Sprichwort sagt, man solle sein Kind etwas hungern und frieren lassen, wenn man es liebe. Mit anderen Worten; es ist keinesfalls sinnvoll, Kindern jeden Wusch zu erfüllen und auch noch stets als Erwachsener zu Gunsten des Kindes zurückzustecken: ***Verzichten muß gelernt werden !***

Kultur wird durch die Fähigkeit des Menschen möglich, auf Triebbefriedigung, augenblickliches Glück, augenblickliche Eingebung oder, um es mit einer modernen Vokabel auszudrücken, auf augenblicklichen Lustgewinn verzichten zu können. Ohne diese Fähigkeit, augenblickliche Lustbedürfnisse zurückstellen zu können, sei es auf Dauer oder zeitweilig, sei es ganz oder teilweise, ist ein Mensch auch nicht liebesfähig. In der engen Beziehung zu anderen Menschen ist das Verzichtenkönnen ohne unerträglich zu leiden, ständig gefragt. Die notwendige Abstimmung der Bedürfnisse, der Interessen und Wünsche oder auch die Notlagen, in die ein nahestehender Mensch geraten ist, können es erfordern, eigene Wünsche zurückzustellen.

Das Vorleben gleichberechtigter Partnerschaft ist jedoch nur eine wichtige Möglichkeit, Kindern diesen bedeutsamen Inhalt zu vermitteln. Die andere Möglichkeit liegt im Umgang mit den Kindern selbst. Eltern, die ihr ganzes Leben an den Kindern ausrichten und dahinter ihr Eigenleben weitgehend zurücktreten lassen, demonstrieren ihren Kindern damit im Grunde die Leere ihrer Beziehung. Außerdem erschweren sie ihren Kindern den notwendigen Lernprozeß, eigene Wünsche auf die Wünsche anderer — geliebter — Menschen abstimmen zu können. Wie sollte man auf die Dauer auch in einer Partnerschaft glücklich sein können, wenn man beispielsweise seine sexuellen Bedürfnisse nicht zu beherrschen gelernt hat? Krankheit, Unwohlsein während der Menstruation, berufliche Überlastung, dienstliche Reisen, die Sorge für die Kinder werden immer wieder Verzichte und Einschränkungen fordern. Auch in anderen Bereichen sind Verzichte notwendig: Einschränkungen im Raum, in der Lebensweise, im Geldverbrauch und in vielem anderen mehr.

Die Erziehung zum Verzichten fängt im Kleinkindalter an. Zwar ist es richtig, daß man ein Kind im ersten Lebensjahr nicht verwöhnen kann, ganz gleich, wie intensiv und aufopfernd seine Bedürfnisse befriedigt werden. Das gilt aber nicht mehr uneingeschränkt ab dem zweiten Lebensjahr. Von nun an sollte das Kind gezielt zum Zusammenleben, wozu eben auch die Fähigkeit des Verzichtens gehört, erzogen werden. Ich be-obachte mit großer Sorge, wie manche Eltern es nicht fertigbringen, die Unlustgefühle ihrer Kinder zu ertragen, wo es doch darum gehen müßte, die Ursachen dieser Unlustgefühle zu erkennen und zu beseitigen oder sie durch Anregung zur Aktivität zu überwinden. Vielleicht ist es auch lediglich Erziehungsunsicherheit die sie veranlaßt, einem quengelnden Kind beispielsweise stets etwas in den Mund zu schieben, sei es der Nuckel oder das Fläschchen. Damit aber wird ein Mechanismus anerzogen, das Kind lernt daraus: wenn jemand unglücklich ist, muß das allgemein durch Konsum oder speziell durch Essen oder Trinken beseitigt werden, weil Unlust unerträglich ist. Diesen Eltern ist sicher nicht bewußt, wie sich das später auf alle Lebensbereiche auswirken kann. Solchen Kindern wird es generell einmal schwer fallen, Unlusterlebnisse zu ertragen oder anders ausgedrückt, verzichten zu können. Sie stehen in der Gefahr, eine äußerst geringe Frustrationstoleranz zu entwickeln. Das aber ist eine schlechte Voraussetzung nicht nur für die Dauerhaftigkeit von Beziehungen, sondern natürlich ebenso für das Schul- und Berufsleben. Und wie sich die dauernde Beseitigung von Unlust durch Essen oder Trinken, besonders auch durch Süßigkeiten auswirkt, kann jede/r an den unendlich vielen übergewichtigen Kindern sehen. Sie werden es sowohl in ihren Sozialkontakten schwer haben als auch erhebliche Gesundheitsprobleme bekommen. Das zitierte chinesische Sprichwort deutet also den richtigen Weg an.

Vielleicht gehört es heute zu den ganz besonders schwierigen Erziehungsaufgaben, in einer Welt des Überflusses und der steten Appelle, auf nichts zu verzichten, sich nichts zu versagen, die Notwendigkeit des Verzichts zu vermitteln und ebenso die Fähigkeit, ihn auch tatsächlich zu leisten.

Menschen, die nicht gelernt haben zu verzichten, sind meistens auch von Neid, Mißgunst und Eifersucht geplagt und plagen ihrerseits andere Menschen.

Eifersucht ist eine besondere Form des Neides. Während Neid auf Sachen oder Lebensmöglichkeiten gerichtet ist, die anderen Menschen nicht gegönnt werden, weil man sie selbst nicht hat, zielt Eifersucht auf den Besitz an Menschen. Das Habenwollen, das Besitzstreben zielt auf bestimmte Menschen, die mit allen Mittel zu hindern versucht werden, sich frei zu bewegen und zu entscheiden, die im Grunde als verfügbares Eigentum angesehen werden.

Beides vergiftet und zerstört Partnerschaften und Familien. Wie belastend ist es doch, wenn beispielsweise ein Mann seiner Frau das neue Kleid mißgönnt oder seiner Familie ein gemeinsames Freizeitvergnügen oder seinen Kindern eine angemessene Zimmereinrichtung, nur weil er ein größeres und prestigeversprechendes Auto haben möchte. Hier werden Vorbilder für Verhalten gesetzt. Kinder identifizieren sich mit dem, der Erfolg hat, sich also durchsetzt.

Ganz besonders tödlich für eine Partnerschaft, eine Familie und die Partnerschaftserziehung in ihr ist es, wenn sich die Neidgefühle direkt auf Personen richten, die eingeengt, an der Entfaltung gehindert, bevormundet und unterdrückt werden. Diesen Neid, wir nennen ihn Eifersucht, ist eine „Leidenschaft, die mit Eifer sucht, was Leiden schafft“, sagt der Volksmund. Das Wort ***Eifersucht*** zeigt, worum es sich handelt: um eine Sucht, also eine Krankheit, die einen Menschen befällt und nicht nur ihn selbst, sondern wie andere Süchte, zum Beispiel die Alkoholsucht, auch seine Umwelt gefährdet. Eifersucht wird zur absoluten Bedrohung jeder Liebesbeziehung, sie ist die Geißel der Liebe. Mitunter ist sie sicher ein Zeichen dafür, daß der Eifersüchtige seinen Partner überhaupt nicht liebt, sondern ihn, aus welchem Grund auch immer, bloß ***braucht***.

Woher kommt diese Erkrankung der Seele? Wenn kleine Kinder niemals die Erfahrung gemacht haben, daß sie wirklich geliebt und umsorgt sind, werden sie oft unsicher, ob sie überhaupt liebenswert sind. Diese Unsicherheit ist eine Wurzel der Eifersucht. Der eifersüchtige Mann beispielsweise denkt dauernd, seine Frau würde ihn nicht lieben, weil er im tiefsten seiner Seele glaubt, gar nicht liebenswert zu sein. Freilich wird ihm das meistens nicht bewußt.

Die zweite Ursache der Eifersucht liegt in einer Entwicklung unserer Gesellschaft. Bei uns, nicht etwa auch in allen anderen Kulturen, glaubten die Menschen, andere würden ihnen gehören. Das hat geschichtliche

Gründe: Der Mann, der früher für seine Frau bezahlen mußte, erwarb Eigentum. Er bezahlte für die Frau ebenso wie für alles andere, was ihm gehörte. Sein Eigentum, also auch seine Frau, verteidigte er dann gegen jeden fremden Zugriff. Und die Frau war in ihrer Lebensexistenz völlig von ihrem „Ernährer" abhängig. Ohne Mann war sie meistens der Armut und der gesellschaftlichen Vereinsamung preisgegeben. Deshalb achtete sie darauf, daß der Mann möglichst keine Gelegenheit hatte, sich mit anderen Frauen zu beschäftigen. Sie hatte Angst, den Mann zu verlieren und damit arm und isoliert zu sein. ...

Eifersucht äußert sich in Mißtrauen. Der Eifersüchtige denkt, seine Frau könnte ihm untreu werden und einen anderen Mann bevorzugen. Aus diesem Mißtrauen heraus werden Vorwürfe erhoben, es gibt Streit. Der Streit ist für das Opfer des Eifersüchtigen zutiefst beleidigend, weil ihm Untreue und Unehrlichkeit unterstellt werden. Die Folgen von Eifersuchtsszenen sind Heimlichkeiten. Der Partner des Eifersüchtigen hält nun viele Geschehnisse geheim, um die Eifersucht nicht erneut zu reizen. Läßt sich nicht alles geheim halten, kommt etwas „heraus", was an sich hamlos wäre, wird es vom Eifersüchtigen als Untreue erlebt. Denn warum sollte es sonst wohl geheim gehalten worden sein? Er erkennt nicht, daß die dumme Geheimniskrämerei nur im eigenen Fehlverhalten ihre Ursache hat. Eifersucht ist ein Teil des Bemühens, einen anderen Menschen zu beherrschen. Dem „Eigentum" wird nur erlaubt, was man selbst für gut hält, was dem eigenen Wohlbefinden dient. Natürlich ist der Eifersüchtige selbst nicht glücklich dabei. Er sieht aber zunächst nicht, daß nur er selbst es ist, der sich unglücklich macht. Vielmehr glaubt er stets, der andere tue es durch sein Verhalten. Selbst der Beweis der Grundlosigkeit kann ihn oft nicht vom eigenen falschen Verhalten, von seiner Krankheit überzeugen. Er entschuldigt sich nur für den Einzelfall, ohne sein Verhalten zu ändern. ...

Eine Beziehung zwischen einem Eifersüchtigen und seinem Partner wird stets von mangelndem Vertrauen, fehlender Offenheit, Herrschsucht und Unterwerfung gekennzeichnet sein. Beide Partner werden ihre Anlagen und Fähigkeiten nicht entfalten können, sondern stets eingeschränkt leben müssen. („Buch vom Lieben und Geliebtwerden" S. 14 ff)

Eifersucht hat die Tendenz, immer stärker zu werden. Wenn sie nicht geheilt wird, was möglich wäre, macht sie Beziehungen und Familien kaputt.

Eifersucht ist also heilbar, besser ist es aber, ihre Entstehung durch Erziehung zu vermeiden. Dafür sind mehrer Schritte notwendig:

1. Kinder müssen von klein auf die Erfahrung machen, daß sie geliebt und angenommen sind. Das ist immer dann schwer zu erreichen, wenn sie keine verläßliche Bezugsperson haben oder wenn Eltern

gezwungen sind, ihre Kinder schon sehr früh in fremde Obhut zu geben.

2. Neid darf in der Familie grundsätzlich weder zugelassen noch geäußert werden, Neid im Sinne von einem anderen etwas nicht gönnen. Am Beispiel mag es deutlich werden: Wenn ein Vater mit seinem einen Kind schmust und ein anderes will dieses Kind wegdrängen um selbst zu schmusen, darf der Vater das nicht zulassen. Er hat zwei Möglichkeiten. Entweder er bietet dem neidischen/eifersüchtigen Kind an, später auch mit ihm zu schmusen, oder er kann es gleich mitschmusen lassen.
   Natürlich ist nichts dagegen zu sagen, daß jemand traurig ist, wenn er etwas nicht hat oder kann, aber es ist zu rügen, wenn er oder sie es deshalb einem Dritten streitig macht, wegnimmt oder miesmacht.
3. Eifersucht muß angesprochen werden. Kinder und vor allem auch Jugendliche müssen die Wurzel, die typischen Merkmale und die Folgen kennen. Ihnen muß sehr deutlich werden, daß es in vielfältiger Weise gefährlich ist, sich an einen eifersüchtigen Menschen zu binden und daß es gefährlich für einen selbst und eigenes künftiges Lebensglück ist, gegen die eigene Eifersucht nichts zu unternehmen.

Ich möchte nicht mißverstanden werden. Natürlich sind Treue und Verläßlichkeit unverzichtbare Bestandteile jeder Liebesbeziehung. Aber „Liebe ist ein Kind der Freiheit", sie wird freiwillig geschenkt, kann nicht erzwungen werden, Treue ebensowenig. Dabei ist immer noch offen, was eigentlich Treue ist. Nichts wäre schlimmer, als mit dem Vorwand einer Forderung nach Treue sich gegenseitig einzusperren und an der Entwicklung zu hindern etwa mit der Forderung, in einer Liebesbeziehung alles gemeinsam tun zu müssen. Denn natürlich wird Treue nicht berührt, wenn ein Partner mit einer Person anderen Geschlechts gemeinsame Interessen verfolgt. Es kann für eine Partnerschaft sehr wichtig sein, sich auch mit anderen Menschen auseinderzusetzen, deren Meinung kennenzulernen, vielleicht auch mit dem/der einen oder anderen an einer gemeinsamen Aufgabe zu arbeiten, ohne daß der zweite Partner dieses Interesse teilen muß oder den Ansprüchen genügen könnte.

Treue ist nur da berührt, wo der andere Partner ausgeschlossen wird, nicht dabei sein „darf". In der Umgangssprache wird bei dem Begriff der Treue oder Untreue viel zu stark auf die Sexualität abgehoben. „Meine Frau ist untreu" heißt dann im Klartext, sie ist mit einem anderen Mann ins Bett gegangen. Dagegen wird es nicht als Untreue bezeichnet, wenn sich ein Mann seiner Familie total entzieht und in seinem Hobby, seinem Verein oder auch seinem Beruf voll aufgeht. Im Grunde ist das jedoch meines Erachtens viel schwerwiegendere Untreue also ein einmaliger „Seitensprung", es ist doch eigentlich die totale Verweigerung der Gemeinsamkeit, die Reduzierung von Partnerschaft und Familie auf eine Wirtschaftsgemeinschaft.

Wenn ich das nun auf die Erziehungsaufgabe übertrage, dann dürfen es Eltern eben nicht zulassen, daß sich Kinder von der Familie abkoppeln und beispielsweise dem Leistungssport verfallen. Sie riskieren sonst, daß ihr Kind nur sehr eingeschränkt gemeinschaftsfähig wird und den Wert von Partnerschaft nicht erkennt.

Mindestens ebenso partnerschaftsbelastend und -zerstörend ist die Unfähigkeit zu verzeihen. Manche Menschen sind beinah stolz darauf, nie etwas zu vergessen, was andere ihnen tatsächlich oder vermeintlich angetan haben, also ein ***Gedächtnis wie ein Elefant*** zu haben. Sie sind nachtragend, nicht bereit, sich in die Motive des anderen einzufühlen und schon gar nicht, Ursachen bei sich selbst zu suchen. Demgemäß können sie auch nicht verzeihen, sondern sind und bleiben verletzt selbst dann, wenn sie es oberflächlich kaschieren. Oft sind das Menschen, die in der Ausbildung oder im Beruf besonders erfolgreich sind. Sie haben verinnerlicht, daß sie alles besser wissen und können als andere, sind deshalb besonders empfindlich, vor allem aber nicht bereit, eigene Einstellungen zu ändern: sie haben doch stets recht!

Manche Menschen betonen stolz oder auch entschuldigend, von „Natur aus“ nachtragend zu sein. Eine entsetzliche Vorstellung für die Zukunftsperspektiven einer Partnerschaft und natürlich obendrein noch völlig falsch. Denn von „Natur aus“ wird niemand nachtragend, sondern man ist es durch Erziehung und Vorbild geworden und hat es nicht einsehen können, daß es am eigenen Willen zur Veränderung liegt, ob diese partnerschaftszerstörende und sozialschädliche Eigenschaft beseitigt wird. Denn in der Tat muß ohne wechselseitiges Verzeihen jede Partnerschaft zerbrechen, weil alle Menschen täglich Fehler machen, große und kleine Fehler, die sie nicht machen wollen, aber dennoch machen. Dann zu wissen, daß das ebenso zu den eigenen Gegebenheiten gehört wie zu denen des anderen, ist sicher die Ausgangsbasis des Verzeihens. Verzeihen muß von klein auf geübt und erfahren werden. Freilich gibt es auch Situationen, wo jemand einem anderen „eins auswischen“ will, hinterher tut es ihm oder ihr oft leid. Wenn dann eine Entschuldigung nicht zählt, wird es schwierig für alle Beteiligten.

Es muß ein erzieherischer Wert sein, immer wieder die Hand zu reichen zum Verzeihen, um einen Neuanfang zu machen. Das hat nichts mit Billigen oder Bagatellisieren zu tun.

Menschen, die nicht verzeihen können, vergiften sich zunächst selbst und als Folge davon ihre Umwelt. Dabei ginge es nicht nur darum, anderen zu verzeihen, sondern auch sich selbst, wenn man Fehler macht. Das nachtragende, hassende oder nach Heimzahlung trachtende Empfinden, kurz das negative Denken, führt körperlich dazu, daß „die Galle überläuft", also zu organischen Erkrankungen. Psychisch gesehen kann die Unfähigkeit zu verzeihen immer mehr Hirnkapazität beanspruchen und offenes kreatives Denken einschränken. Wer haßt kann nicht gleichzeitig fröhlich sein. Sozial gesehen schließlich führt sie letztlich zur Vermeidung von Kontakten und damit entweder zur Isolation oder zum Abbruch oder Auflösung im Grunde sinnvoller Beziehungen: man fürchtet Verletzungen.

Erzieherisch gesehen muß es darum gehen, Kindern das befreiende Erlebnis des Verzeihens für alle Beteiligten erlebbar zu machen, eine Befreiung, aus der Bindung, Zuneigung oder auch „nur" Verstehen erwächst.

„Ihre Vorschläge zur Liebeserziehung finde ich geradezu großartig, ich wollte, ich selbst wäre so erzogen worden. Leider bin ich es nicht und ebenso leider habe ich mit meiner Partnerschaft Schiffbruch erlitten". Dies ist die Aussage einer alleinerziehenden Mutter, die den ganzen Kummer der Trennung noch nicht verwunden hatte und sich nun auch noch darüber Sorgen machte, wie sie wohl als „Gescheiterte" ihren Kindern glaubhaft über Liebe und erstrebenswerte Bindung reden und vor allem auch Beispiel sein könne. Natürlich haben es ***Alleinerziehende*** in dieser Beziehung nicht leicht.

Besonders müssen Alleinerziehende aufpassen, sich nicht an ihr Kind zu klammern, es gleichsam als Ersatzpartner zu benutzen. Kindern würde damit die notwendige Ablösung erschwert, die Entwicklung von Bindungsfähigkeit beeinträchtigt. Ich habe schon im Kapitel über die sexuelle Entwicklung darauf eingehend hingewiesen. Sicher fehlt den Kindern Alleinerziehender das Vorbild befriedigender Partnerschaft und eventuell die Möglichkeit der Rollenausrichtung am gleichgeschlechtlichen Elternteil. Auch haben berufstätige Alleinerziehende oft weniger Zeit für ihre Kinder als ein Paar, das die Erziehungsaufgabe zu zweit wahrnehmen kann.

Andererseits ist es für die Entwicklung eines Kindes zur Liebesfähigkeit sicher besser, nur mit einem bemühten Elternteil zusammenzuleben als mit Eltern, deren Beziehung krisenhaft verläuft und die sich in ihren Konflikten wenig kontrollieren, das Kind vielleicht sogar mit hineinziehen.

Alleinerziehende können jedoch leichter eine „Linie" in der Erziehung durchhalten, und das ist nicht zu unterschätzen. Die Kinder haben nicht die Möglichkeit, zwischen Vater und Mutter zu taktieren. Bezogen auf die Liebeserziehung ist es auch von Vorteil, daß die in unserer Gesellschaft nach wie vor verbreiteten Rollenfixierungen gleichsam von selbst erledigt sind. Der/die Alleinerziehende muß alle Aufgaben, die „typisch" männlichen" wie auch die „typisch weiblichen", erfüllen.

Schließlich können Alleinerziehende, die ihr Scheitern nicht wegdiskutieren, ihren heranwachsenden Kindern vielleicht sogar genauer und sehr glaubwürdig erklären, wie wichtig es ist, in der Wahl von Freunden und Lebenspartnern sorgfältig zu sein. Vielleicht, und das würde ich allen wünschen, kann eine neue und besser werdende Beziehung sogar nebenher für Kinder ein Modell sein, wie erfahrene Erwachsene eine Liebesbeziehung aufbauen, wie sie den zweiten Schritt nicht vor dem ersten tun und auch (hoffentlich) erklären können, warum sie sich so und nicht anders verhalten.

Liebe ich — werde ich geliebt?

Unser Sohn ist ein Einzelkind. Als er sechs Jahre alt war, kam er von der Schule nach Hause und erzählte freudestrahlend, er habe einen neuen Freund. Natürlich ließ ich mir berichten und natürlich freute ich mich mit meinem Sohn. Schließlich ist es für Einzelkinder besonders wichtig, Beziehungen zu anderen Kindern zu haben. Dann aber kam mir ein Gedanke: Wieso ist das dein Freund? Ich machte den Sohn darauf aufmerksam, daß er mit vielen anderen Kindern spielte und Kontakte hatte, aber nicht alle „Freund" nannte. Das folgende Gespräch mit meinem Sohn war ein Stück Beziehungserziehung. Ich veranlaßte ihn darüber nachzudenken, was die eine Beziehung — zu dem neuen Freund — von denen zu anderen Spielgefährten unterschied.

Ein solches Gespräch hat zwei Zielsetzungen:

1. möchte ich Menschen veranlassen, sich grundsätzlich daran zu gewöhnen, über die Qualität ihrer Beziehungen nachzudenken. Das schützt vor Irrtümern und Verletzungen. Wir leben in einer Zeit, wo Beziehungen zu anderen Menschen wenig dauerhaft sind, im Gegensatz zu früheren Dorfgemeinschaften. Wir wechseln den Arbeitsplatz, die Wohnung, den Wohnort oder auch unsere Freizeitaktivitäten. Sehr oft bedeutet das auch einen Abbruch bisheriger und den Aufbau neuer Beziehungen. Dabei stehen wir alle stets in der Gefahr von Fehleinschätzungen, die unangenehme oder sogar schwerwiegende Folgen haben können, die vielleicht auch deshalb entmutigen können.
2. sollte es in einem solchen Gespräch auch um die Entwicklung von Maßstäben gehen. Was also unterscheidet die eine Beziehungsart von der anderen, zum Beispiel die Kollegenbeziehung oder die Klassenkameradschaft von der Freundschaft. Erschwert wird das noch dadurch, daß ein Kollege oder ein Mitschüler natürlich auch ein Freund sein oder werden könnte.

Viele Eltern machen es ihren Kindern nicht leicht. Ich habe einen Bekannten, der alle Leute, mit denen er öfter zusammen ist, als Freunde bezeichnet, auch mich. Begriffe wie Bekannter, Freund, Freundin, Lebenspartner, meine Frau/mein Mann werden keineswegs sauber unterschieden. Was etwa ist ein Lebenspartner, jemand mit dem man für eine gewisse Zeit zusammen lebt oder jemand, mit dem er oder sie das künftige Leben zusammen bleiben will. Und warum ist meine „Lebenspartnerin“ nicht „meine Frau“? Übrigens auch bei Verwandschaftsbezeichnungen sind viele Erwachsene sehr großzügig. „Gib dem Onkel die Hand“! wird oft zu kleinen Kindern gesagt, obwohl der so bezeichnete gar kein Verwandter ist.

Alle diese Ungenauigkeiten erschweren Kindern, Beziehungen richtig einschätzen zu lernen, denn Begriffe sind natürlich mit Vorstellungen über Inhalte verbunden.

Ganz besonders schwierig ist es, in gefühlsdichten Situationen Beziehungen richtig einzuschätzen und keinen Wunschvorstellungen aufzusitzen. Das trifft auf Freundschaften mit und ohne sexuelle Komponente zu und verstärkt auf Liebesbeziehungen oder werdende Liebesbeziehungen. Heute hat sich offenbar in jeder dritten Ehe zumindest ein/e Beteiligte/r geirrt, was dann zur Scheidung führt. Die Zahl derer, die sich irrten, ist aber sicher noch viel höher. Viele, die sich auch vertan haben, gehen dennoch nicht den Weg der Scheidung und bei anderen, die ohne verheiratet zu sein längere Zeit zusammenlebten, geht die Trennung in keine Statistik ein. Aus allen dauerhafteren Beziehungsformen kommen nur sehr wenige Beteiligte unbeschadet heraus, wenn sie ihren Irrtum bemerken. Es gibt fast immer mehr oder weniger erhebliche Verletzungen.

Eltern sollten deshalb mit ihren Kindern die Beurteilung von Beziehungen üben, sie sollten es lernen, ihre eigenen Beziehungen erklären zu können. Erleichtert werden solche Gespräche sicher, wenn Kinder miterleben, wie Eltern sich untereinander über ihre eigenen verschiedenartigen Beziehungen, über Freundschaften, Bekanntschaften, Nachbarschafts- und Kollegialbeziehungen, unterhalten und sie werten.

Die bedeutsamsten Beziehungen sind sicher Liebesbeziehungen. Manchmal wünschte ich mir, wenn wieder zwei Menschen bei uns in der Paarberatung sind, die große Schwierigkeiten miteinander haben, sie hätten sich, bevor sie sich zusammentaten, eine Strichliste gemacht: was spricht für, was gegen die Dauerhaftigkeit der Beziehung. Das tut ja niemand und es wäre wohl auch nicht nötig, wenn Kinder von klein auf gelernt hätten, Beziehungen zu bewerten. Dadurch werden sie sensibel für solche Fragestellungen, sie entdecken spontaner Mängel, ohne lange grübeln zu müssen.

Wenn man sich vergegenwärtigt, was alles dazugehört, um eine Beziehung als Liebe zu bezeichnen und vor diesem Hintergrund Liebeserziehung konsequent erfolgte, müßten bereits ältere Schulkinder in der Lage sein, Beziehungen einzuschätzen. Ich halte das für sehr wichtig, nicht zuletzt auch zum Schutz vor Mißbrauch und Ausbeutung. Es wäre deshalb wichtig, mit Kindern immer wieder einmal darüber zu sprechen, woran man erkennen kann, ob man liebt und geliebt wird, was alles zusammenkommen muß, um eine Beziehung als Liebesbeziehung bezeichnen zu können.

Natürlich wird das mit Jugendlichen weiter zu diskutieren sein. Sicher ist es nicht möglich, sie vor allen enttäuschenden Erfahrungen zu schützen. Das Wissen darüber, worauf es in Beziehungen ankommt und eine Sicherheit in der Einschätzung von Beziehungen werden aber helfen, Verletzungen in Grenzen zu halten. Eltern mit jugendlichen Kindern werden oft in die Situation kommen, ihnen im Liebeskummer zur Seite zu stehen, ihnen zu helfen, aus der Erfahrung zu lernen. Natürlich gibt es Liebesirrtümer, die jedoch gemindert werden können, wenn man sich an bestimmte Fragestellungen in seinen Beziehungen gewöhnt:

- Wie fühle ich mich an meinen Partner gebunden? Stellt er Besitzansprüche an mich oder kann ich mich wirklich freiwillig an ihn binden? Schließt er mich in die Arme oder schließt er mich ein?
- Kann ich zugunsten meines Partners verzichten, ohne zu leiden? Und inwieweit wird Verzicht von mir verlangt?
- Wie geht der Partner auf meine Bedürfnisse nach Zärtlichkeit, Lust, Auseinandersetzung mit Lebensfragen ein, und wie kann ich auf seine Bedürfniusse eingehen, ohne mich abgestoßen, gelangweilt oder überfordert zu fühlen?
- Wann und wie habe ich erlebt, ob ich mich auf meinen Partner verlassen kann und umgekehrt?
- Welche gemeinsamen Ansichten, Einstellungen und Interessen haben wir?
- Kann ich mit den darüber hinausgehenden Interessen meines Partners leben und welchen Spielraum läßt er meinen Interessen? Welches Interesse können wir für die Interessen des jeweils anderen aufbringen?
- Kann ich bei und mit meinem Partner ungehemmt fühlen, genießen, trauern, wild und zärtlich sein, ohne verlacht oder zurückgestoßen zu werden?
- Wie frei bin ich, über alles mit meinem Partner zu sprechen? Und was erzählt er mir von sich, von seinen Sorgen, Ängsten, Freuden? Was weiß ich über ihn?

Diese Fragestellungen, die ich in meinem „Buch vom Lieben und Geliebtwerden“ entnommen habe, können Eltern als Anhaltspunkte für ein Gespräch mit ihren Kindern dienen. Freilich sollten sich Eltern hier auch vor Einengungen hüten. Nicht nur Liebesbeziehungen haben einen Anspruch gelebt zu werden. Es kann auch herrlich sein, nur Verliebtheit zu spüren und diesen Rausch zu leben. Entscheidend allein ist, daß man weiß, was mit einem los ist, damit man keinem Irrtum erliegt, denn das ist verletzend.

... du bist die Frau für mich

Ein Kind langweilt sich und fragt die Mutter, was es spielen könne. Die Mutter sagt, es solle doch mit den Bauklötzen spielen und eine schöne Stadt bauen. Eine häufige Situation und im Sinne einer Liebeserziehung eine fatale. Kinder müssen es doch lernen, ihre Sachen alleine zu planen und zu entscheiden. In diesem Sinne hätte die Mutter besser daran getan, die Entscheidung an das Kind zurückzugeben und ihm zu sagen, daß es das selbst wissen und entscheiden müsse. Um das Kind anzuregen, hätte sie eine Reihe von Anregungen geben, die Entscheidung aber dem Kind völlig offen lassen sollen.

Ein anderer Fall: Ein knapp sechsjähriges Kind weiß, daß es nicht alleine über die Straße gehen soll. Wenn es vorausgelaufen ist, soll es an der Gehwegkante auf die Mutter warten. Eines Tages sagt das Kind, es wolle nicht mehr warten, weil es alleine gehen könne. Nachdem die Mutter innerlich tief Luft geholt hat, läßt sie sich von ihrem Kind zeigen, wie man richtig über die Straße geht. Nehmen wir an, das Kind verhielte sich völlig vernünftig und richtig. Nun hätte die Mutter keine Wahl mehr. Erziehung heißt, selbständig machen. Was ein Kind gelernt hat und kann, muß es auch allein tun dürfen. Künftig wird das Kind allein entscheiden, wann es über die Straße geht.

Was hat das mit Liebeserziehung zu tun? Sehr viel ! Je mehr ein Kind an vielen Kleinigkeiten, wichtigen und unwichtigen, gelernt hat, für sich selbst zu entscheiden, desto mehr wird ihm das Entscheiden und das dazu erforderliche Überlegen und Abwägen zur Selbstverständlichkeit. Ich denke, Eltern regeln viel zu viel für ihre Kinder und machen sich dadurch selbst das Leben schwer, weil das, was geregelt wurde, auch überwacht werden muß. Sie sollten nur das regeln, was ihr Kind noch nicht allein entscheiden kann, was aber unbedingt geregelt werden muß. Jede Entscheidung, die Eltern an sich ziehen oder beibehalten, obwohl es Kinder bereits allein könnten, nimmt den Kindern die Chance, Entscheidungssicherheit zu gewinnen. Je mehr ein Kind seine Angelegenheiten entscheidet und begründet, desto unempfänglicher wird es auch für Fremdmanipulationen. Seine Übung verhilft ihm dazu, auch in schwierigen Situationen richtig zu entscheiden.

Aber nicht nur das Überlassen von Entscheidungen ist wichtig. Vielmehr sollten Eltern ihre eigenen Entscheidungen, die das Kind betreffen, stets begründen und von dem Kind verlangen, daß es seine Entscheidungen ebenso begründet.

Zu den schwierigsten Entscheidungen gehören sicher Entscheidungen über Beziehungen zu anderen Menschen.

Ich habe schon darauf hingewiesen, daß es heute unendlich viele Menschen gibt, die sich für oder in Beziehungen nicht klar entscheiden können. Stets halten sie sich Hintertüren offen. Entweder gehen sie keine festen Beziehungen ein, oder aber sie stolpern in diese, ohne klare Entscheidungsgrundlagen zu haben. Das hat zwei Ursachen:

1. fehlen ihnen weitgehend Beurteilungsmaßstäbe, sie kennen sie nicht, sie haben sie nicht vermittelt bekommen.
2. haben die meisten Kinder eher gelernt, sich anzupassen und unterzuordnen, aber nicht, sich zu entscheiden. Viele Menschen sind einfach entscheidungsungewohnt und deshalb entscheidungsscheu.

Das zusammen ist eine fatale Perspektive für Partnerschaftsentscheidungen und für Gleichberechtigung in der Partnerschaft.

Schutz vor sexuellem Mißbrauch

Durch nichts sonst wird die Entwicklung zu einem liebesfähigen Menschen so stark gefährdet wie durch sexuellen Mißbrauch. Aber das ist noch nicht alles: schwerste seelische Störungen und asoziales Verhalten können die Folge sein. Es kommt deshalb darauf an, diese Taten zu verhindern. In einem Buch über Erziehung wird der Schwerpunkt der Überlegungen darauf zu liegen haben, was durch Erziehung zum Schutz der Kinder und Jugendlichen beigetragen werden kann. Andere Überlegungen, wie polizeiliche, rechtliche und therapeutische Maßnahmen bezogen auf Täter, werde ich weitgehend ausklammern.

Unter sexuellem Mißbrauch von Kindern und Jugendlichen verstehe ich die sexuelle Ausbeutung zum Zweck der Erreichung sexueller Lust und Befriedigung oder auch aus kommerziellen Gründen durch Erwachsene oder durch wesentlich ältere Kinder und Jugendliche. Dieses Mißbrauchsverhalten ist erzieherisch (und auch rechtlich) unterschiedlich relevant. Opfer eines Mißbrauchs können natürlich nur dann geschädigt werden, wenn sie in irgendeiner Weise direkt mit den Taten konfrontiert worden sind. Das mag am Beispiel deutlich werden: wenn jemand durch ein Fernglas nackte Kinder beobachtet und dabei sexuelle Erregung erfährt, ist das natürlich ein Mißbrauchsverhalten, aber das Opfer kann nicht geschädigt werden, solange es nichts davon weiß. Jedoch ist dieses Verhalten bezogen auf den Täter natürlich ein deutlicher Mißbrauch anderer Menschen. Aus der Sicht der Erziehung wird auch zu fragen sein, wie solches Verhalten erzieherisch vermieden werden kann, zumal jedes Mißbrauchsverhalten auch die Tendenz hat, sich in unterschiedlichen Formen auszudrücken.

Taten und ihre Folgen

Zum Umfang des Mißbrauchsverhaltens möchte ich mich nicht äußern, da gibt es ohnehin genügend Spekulationen. Normalbürger interpretieren Fallzahlen immer so, daß sie Schädigungen der Opfer voraussetzen. Das ist jedoch falsch, wie das obige Beispiel belegt. Zudem muß man wissen, daß die Zahlenangaben nicht auf exakten Zahlen tatsächlich nachgewiesener Taten beruhen, sondern auf Befragungs- und Untersuchungsergebnissen. Wer sich mit psychologischen Problemen solcher Befragungen befaßt hat weiß, wie leicht es zu verfälschten Ergebnissen kommen kann. Allerdings habe ich Verständnis dafür, daß mit solchen undifferenzierten Zahlen operiert wird. Denn auch ohne solche Zahlen besteht erheblicher Handlungsbedarf und Politiker reagieren bekanntlich sehr schwerfällig, wenn es darum geht, etwas für Menschen in Not zu tun. Da ist es doch viel schöner, sich für ein Prestigeobjekt einzusetzen.

Als sozial engagierter Mensch könnte ich also schweigen und solche politischen Kampfmaßnahmen unterstützen, als Pädagoge kann ich es nicht. Die Argumentation mit überhöhten und/oder undifferenzierten Zahlen führt nämlich dazu, daß Mißtrauen in jede Familie und jeden Freundeskreis getragen wird, eine wahrlich schlechte Ausgangsposition für jede Erziehung und insbesondere für die zum liebesfähigen Menschen, um die es mir hier geht.

Die Taten sexuellen Mißbrauchs sind sehr unterschiedlich. Sie reichen vom Sexualmord mit vorausgegangener Vergewaltigung durch vollendeten Geschlechtsverkehr bis hin zum Exibitionismus also einem Verhalten, wo ein Mann seine Sexualorgane Frauen zeigt und alleine dadurch oder durch ihr Erschrecken sexuelle Befriedigung erfährt, ohne in irgendeinen Körperkontakt zu seinen Opfern getreten zu sein. Sie umfassen aber auch das Zeigen von pornografischen Erzeugnissen und das Benutzen von Kindern zur Erstellung solcher Filme oder Schriften.

Nur sehr wenige der Taten kommen zur Anzeige, die Dunkelziffer ist außerordentlich hoch. Das hat verschiedene Gründe:

- Opfer werden durch ihre Scham gehindert, über diese Erlebnisse zu sprechen,
- ihnen wird von ihren Eltern oder Erziehern nicht geglaubt oder ihre Andeutungen werden nicht verstanden,
- Eltern haben Angst, daß ihre Familie „ins Gerede kommt“ mit der Folge der sozialen Isolierung,
- Eltern sind in Sorge vor weiteren Belastungen des Opfers im Strafverfahren,

- wenn der Vater Täter ist, sehen sich Mütter oft vor dem wirtschaftlichen Ruin, durch den Ausfall des Vaters als Verdiener,
- auch die Rücksicht auf Familien der Täter spielt eine Rolle.

Wir hatten in der Erziehungsberatung eine Mutter, deren Tochter vom Vater der Mutter, also vom Großvater mißbraucht wurde. Die Frau hatte keine Anzeige erstattet, weil sie einerseits glaubte, ihr Kind künftig genügend schützen zu können und weil sie meinte, nun, da sie es wisse, werde der Großvater sich nicht noch einmal an dem Kind vergehen. Zum anderen fiel es ihr schwer, den eigenen Vater anzuzeigen. Auch fiel ins Gewicht, daß die Großmutter schwer herzkrank war; sie durfte nach Meinung der Frau nichts davon erfahren, weil sie fürchtete, die Großmutter könne durch die Aufregung sterben. Es kam dann wie es kommen mußte. Die Mutter gab eines Tages ihr Kind in Obhut der Großmutter, weil sie einen wichtigen Termin wahrzunehmen hatte. Die unwissende Großmutter ging zwischendurch einkaufen, das Kind blieb mit dem Großvater zurück, der es in dieser Zeit wieder mißbrauchte. Auch jetzt war die Mutter nicht bereit, den Großvater anzuzeigen. Durch ganz massiven Druck haben wir dann gemeinsam dafür gesorgt, daß sich der Großvater zur Behandlung in eine entsprechend ausgerichtete psychosoziale Klinik begab.

Die Täter

In den letzten Jahren hat sich die Vorstellung in unserer Gesellschaft vom typischen Täter sehr gewandelt, sie ist aber nicht unbedingt präziser geworden. Während früher vor allem an fremde meist ältere Täter gedacht wurde, sind heute die Väter in Verruf geraten. Beides ist falsch. Die Hauptgefährdung geht fraglos von bekannten, dem Kind vertrauten Menschen aus dem außerfamiliären Nahraum aus. Bei rund 50 % der Mädchen und rund 60 % der Jungen, die Opfer eines Mißbrauchs wurden, waren Nachbarn, Sporttrainer, Lehrer, Pfarrer, Erzieher, Freunde der Familie und ähnliche Kreise die Täter. Familienmitglieder, wozu auch Großeltern und Onkel, Tanten und Geschwister gerechnet werden, also nicht nur Väter, treten zu etwa 25 % als Täter in Erscheinung. Fremde sind unter den Tätern seltener, etwa 15 %. In der Regel sind Männer die Täter, soweit das heute bekannt ist. Sie dürften bei den Jungen etwa 80 % bei den Mädchen über 90 % ausmachen. Einschränkend muß allerdings darauf hingewiesen werden, daß man aus vielfältigen Gründen über Frauen als Täterinnen noch weniger weiß, was auch historische und gesellschaftliche Gründe hat. Wenn zwei Männer miteinander zärtlich sind, wird das bis heute anders bewertet, als wenn es zwei Frauen bzw. eine Frau und ein Mädchen sind. Deren Verhalten wird öffentlich kaum als Mißbrauchsverhalten erkannt. Auch ist die Schwelle bei männlichem Verhalten sehr viel niedriger angesetzt. Wenn ein Mann eine knapp Sechzehnjährige mißbraucht, schlagen die Wellen zu Recht hoch, wenn dagegen ein Sechzehnjähriger von einer älteren Frau „in die Liebe eingeführt wird“, wird das in der Regel nicht in gleichem Maße als verwerflich angesehen. Hier wäre mehr Sensibilität zu wünschen, denn natürlich kann ein Junge sehr wohl in seiner Entwicklung zur Liebesfähigkeit erheblich beeinträchtigt werden, wenn er von einer erwachsenen Frau benutzt wurde.

Noch eine letzte Feststellung zu den Tätern: nicht jeder Täter ist ein „Verbrecher“, also ein Dauertäter. Das verständlich harte Urteil betroffener Eltern sollte nicht darüber hinwegtäuschen, daß es sich auch um einmalige Entgleisungen oder um entwicklungsbedingte Durchgangsstadien handeln kann. Beispielsweise Jungen in der Pubertätsphase, die sich Mädchen gegenüber noch zu unsicher fühlen, um ein Verhältnis einzugehen, fühlen sich unter Umständen zu zweit oder in der Gruppe sehr stark, eine Katastrophe nicht nur für das Opfer sondern auch für die Täter. Als Eltern sollte man sich bewußt sein, daß nicht nur die Gefahr besteht, daß das eigene Kind zum Opfer eines Mißbrauchs wird, es könnte auch zum Täter werden. Beidem gilt es erzieherisch vorbeugend zu begegnen.

Die Opfer

Es gibt weder eine eindeutige Antwort auf die Frage, welche Kinder besonders gefährdet sind noch darauf, welche Folgen eintreten. Noch nicht einmal eine Aussage wie, schwere Übergriffe haben stets gravierendere Folgen für das Opfer als „leichtere“, läßt sich verallgemeinern. Denoch lassen sich einige Aussagen machen.

Zunächst zu den Gefährdungswahrscheinlichkeiten. Besonders gefährdet sind:

- geschlechtlich nicht aufgeklärte und zur Liebesfähigkeit erzogene Kinder.
- Kinder, die emotional zu Hause vernachlässigt sind, die in keiner liebevollen Atmosphäre aufwachsen und unter Minderwertigkeitsgefühlen leiden. Das ist natürlich ein subjektives Erleben. Das sich nicht geliebt fühlende Kind sucht anders Zuneigung. Hier wären auch die Kinder zu nennen, die längere Zeit in einer Verstimmung gelassen werden. Wir hatten einmal in der Beratung ein Paar, wo der Vater bei kleinsten „Vergehen“ seines Kindes wochenlang kein Wort mit ihm sprach, eine unglaubliche Mißhandlung.
- Kinder, die durch ständige Kritik und ständiges Nörgel und Negieren seitens der Eltern sich nicht angenommen fühlen und deshalb sehr positiv auf Menschen reagieren, die sie annehmen, anerkennen und als gleichrangig behandeln.

- Kinder, die besonders streng erzogen werden. Eine besonders strenge Erziehung etwa zum unbedingten Gehorsam kann dazu führen, daß ein Kind auch dem Verlangen eines Täters folgt. Auch werden diese Kinder den Drohungen von Tätern mit den Strafen durch Eltern, wenn diese etwas davon erfahren, oft glauben, was dann zum Schweigen der Kinder führt. Aus Erfahrung glauben sie solche Drohungen.
- Nicht zuletzt müssen auch die Kinder genannt werden, denen kein Recht auf körperliche Selbstbestimmung eingeräumt wurde, die gerügt werden, wenn sie nicht bereit sind, mit Erwachsenen Zärtlichkeiten auszutauschen, zum Beispiel den Gutenachtkuß zu geben oder allgemeiner diejenigen, die nicht das Nein-sagen gelernt haben, weil ihr Nein nicht respektiert wurde.
- Mädchen, wesentlich stärker als Jungen.

Diese Zusammenstellung ist sicher nicht erschöpfend, ich denke aber, daß sie die Richtung deutlich macht.

Die Tatfolgen sind sehr unterschiedlich. Sie hängen nicht nur von der Tat selbst ab, sondern auch von dem Verhältnis zum Täter, von den Reaktionen der Umwelt, von der Schwere der Verletzungen oder auch vom Grad des Ausgeliefertseins. Aus Fallanalysen ist bekannt, daß selbst eine an sich harmlosere Begegnung mit einem Exhibitionisten schwerste seelische Folgen durch eine Überreaktion der Umwelt auslösen kann, wenn etwa in einem Kind erst durch diese Reaktionen ein Bedrohungserlebnis entsteht. Ebenso ist bekannt, daß eine schwerste Bedrohungssituation mit Entführung und Zwang zum Mundverkehr keineswegs dauerhafte Schädigungen auslösen muß. Allgemein kann man sagen, die Folgen sind in der Regel desto schwerer, je aussichtsloser ein Kind seine Situation erlebt, je enger die emotionale Bindung an den Täter ist, je größer die eigenen Schuldgefühle — in der Regel durch Täter aufgebaut — sind und je länger der Mißbrauch anhält. Natürlich ist demzufolge der Mißbrauch durch eigene Eltern meistens in den Folgen am schwerwiegendsten.

Schwere Folgen sind vor allem neurotisches Fehlverhalten, Beziehungsstörungen, Sucht, Abgleiten in die Prostitution, in die Kriminalität und insbesondere auch in eigene Sexualtäterschaft.

Wenig erforscht ist immer noch die Frage, wie sich häufige Konfrontation mit pornografischen Erzeugnissen auswirkt. Vieles spricht für erhebliche Beeinträchtigungen in der Entwicklung der Liebesfähigkeit. Das sollten Erwachsene bedenken, die allzu freizügig im Umgang mit dem Fernsehprogramm oder in der Nutzung entsprechender entliehener Videofilme sind. Die seelische Selbsthygiene sollte eigentlich auch Erwachsene hindern, solche Machwerke zu konsumieren. Zweifellos leidet auch ihre Sensibilität darunter.

Reaktionen auf Mißbrauch

Für besorgte Eltern stellt sich natürlich die Frage, woran sie Mißbrauch erkennen. Eine schnelle und eindeutige Antwort ist nicht möglich. Mißbrauch ist selten eindeutig zu erkennen. Nur bei etwa 10 bis 15% gibt es körperliche Spuren des Mißbrauchs und Änderungen im kindlichen Verhalten sind selten schnell und vor allem eindeutig zu interpretieren.

Klar ist vor allem eins: wenn Kinder die noch nicht in der Pubertät sind, von sexuellen Erlebnissen berichten, lügen sie nicht. Eltern sollten solchen Aussagen stets glauben und entsprechende Schritte einleiten, wobei es in leichten Fällen („er hat mir Bilder mit Geschlechtsverkehr gezeigt") und vor allem, wenn man fürchtet, es könne sich nicht beweisen lassen, reichen mag, jeglichen Umgang mit der Person in Zukunft zu verhindern. Eindeutig sind natürlich Verletzungen im Genitalbereich, am After oder am Mund. Ein starker Verdacht wird auftauchen, wenn kleine Kinder plötzlich anfangen, Bilder mit stark sexuellen Inhalten zu malen, zum Beispiel einen eregierten Penis, wenn sie sich plötzlich nicht mehr beim Ausziehen der Wäsche helfen lassen wollen oder wenn jugendliche Kinder von einem Freund erzählen, der mißbraucht worden sei oder wenn sie selbst kleine Kinder oder Geschwister mißbrauchen.

Es ließe sich eine beinah unendliche Liste von Verhaltensäußerungen nennen, die auch auf Mißbrauch hindeuten können. Ich will das nicht tun, weil ich nicht Vermutungen und Mißtrauen Tür und Tor öffnen will. Denn alle diese Verhaltensänderungen können auch ganz andere Ursachen haben. Deshalb möchte ich allgemeiner sagen, wenn sich das Verhalten eines Kindes in kurzer Zeit stark, negativ und anhaltend verändert und es dafür keine Erklärung gibt, sollten Eltern sachkundigen Rat einholen, denn dann ist eines klar, das Kind braucht Hilfe. Eine Erziehungsberatungsstelle ist in der Regel die richtige Anlaufstelle.

Dagegen sollte man sich davor hüten, in Kinder etwas „hineinzureden". Es kann durchaus allgemein, ohne auf Mißbrauch speziell einzugehen, etwa über den Unterschied zwischen guten und schlechten Geheimnissen gesprochen werden oder auch über angenehme und unangenehme Berührungen und darüber, daß man zu Hause über alles reden kann, ohne bestraft oder beschimpft zu werden. Letzteres wird natürlich nur sinnvoll sein, wenn es der Realität entspricht. Durch solche Gespräche könnte das Kind unter Umständen bereit sein, spontan über Erlebnisse zu berichten.

Liegt Mißbrauch eindeutig vor, ist auch eine eindeutige Haltung der Eltern erforderlich:

- das Kind für sein Vertrauen loben und gegebenenfalls für seinen Mut zu erzählen trotz Einschüchterungsversuchen durch den Täter,
- ihm klar sagen, daß man ihm glaubt,

- ihm verdeutlichen, daß es keine Schuld trifft, schuld ist allein der Täter,
- keine Vorwürfe machen,
- dem Kind unbedingt das Gefühl der Sicherheit geben, d. h. auch für seine Sicherheit zu sorgen,
- sich unbedingt Rat bei Experten zu holen und falls erforderlich, ärztliche Hilfe zu suchen.

Die Experten und Expertinnen in Spezialberatungsstellen für mißbrauchte Kinder, Frauenhäusern, Erziehungsberatungsstellen oder auch Jugendämtern werden auch darin beraten, ob es sinnvoll ist, die Polizei einzuschalten. Anschriften findet man im Telefonbuch oder erfährt sie bei den Jugendämtern oder bei sozialen Diensten der Wohlfahrtsverbände.

Schutz durch Erziehung

Sicher ist es wichtig, über Taten, Täter, Opfer und Folgen von Taten eine Vorstellung zu haben, um sich in einem (hoffentlich nicht eintretenden) Fall trotz der dann erheblichen inneren Betroffenheit richtig zu verhalten. Dabei ist es eben auch wichtig, auf dem Boden der Realität zu bleiben und sich in seinen Äußerungen und im Verhalten den Opfern gegenüber nicht von Wut und Verletztheit leiten zu lassen.

Weit wichtiger ist es jedoch für Eltern, alles in ihren Möglichkeiten liegende zu tun, um Kinder bestmöglich zu schützen. Die Möglichkeiten von Eltern liegen eben vor allem in der Erziehung. Wenn ich nun die Möglichkeiten aufzeige, wird eines vielleicht erstaunt zur Kenntnis zu nehmen sein: Zum Schutz beitragende Erziehung ist nur im Ausnahmefall eine „Spezialerziehung“. Vielmehr bringt eine gute Allgemeinerziehung gleichzeitig auch Schutz. Aber das zu wissen ist eben wichtig.

Das ungebrochene Vertrauensverhältnis

Ich möchte hier noch einmal auf den Absatz „Schonraum Familie“ verweisen. Die wichtigste Voraussetzung für einen Schutz der Kinder ist ihr ungebrochenes Vertrauensverhältnis zu den Eltern oder zumindest einem Elternteil. Das hat auch etwas mit dem Gefühl der Sicherheit und Geborgenheit zu tun. Damit meine ich vor allem die emotionale Sicherheit des immer Aufgefangenwerdens, die Sicherheit vor Spott und Hohn oder die, in allen Sorgen und Nöten ernst genommen zu werden. Insbesondere muß ein

Kind auch wissen, daß es ohne Furcht vor Strafe alle seine Erlebnisse, Mißerfolge und vielleicht auch Fehlverhaltensweisen berichten kann und daß es Hilfe bekommt, wenn es erforderlich ist. Nehmen wir einmal an, ein Kind hätte aus Unachtsamkeit oder auch in prahlerischem Verhalten einen Schaden angerichtet. Es kommt in seiner Not nach Hause und berichtet davon. Wenn Eltern dann strafen, wird sich das Kind künftig überlegen, was es zu Hause erzählt und was nicht. Alles, von dem es vermutet, Eltern werde es nicht erfreuen, wird dann künftig geheim gehalten.

Wenn wir das jetzt auf den sexuellen Mißbrauch beziehen und wissen, daß Täter in der Regel damit operieren, sich vor Entdeckung zu schützen, indem sie den Kindern Angst vor den eigenen Eltern machen, dann wird deutlich, daß elterliches Strafverhalten im obigen Fall gleichzeitig dem Kind einen ganz wichtigen Schutz nimmt. Dabei ist auch zu beachten, daß sich sexueller Mißbrauch meistens langsam anbahnt. Es könnte also bei einem entsprechenden Vertrauensverhältnis manches noch rechtzeitig abgewendet werden.

Natürlich werden Eltern nicht alle „Sünden" gut heißen können, die ihnen ihre Kinder „beichten". Strafen sie aber wenn das Kind freiwillig erzählt, zerstören sie Schutz. Sie können und müssen ihrem Kind durchaus sein Fehlverhalten verdeutlichen, sie könnten ihm aber in einem entsprechenden Fall auch sagen „nun müssen ***wir*** einmal versuchen, den Schaden wieder gut zu machen". Damit sagen sie zweierlei. Erstens sagen sie, daß der Schaden wieder gut gemacht werden kann und das Kind dazu beitragen muß. Aber zweitens signalisieren sie durch diese Wortwahl auch, daß sie das Kind nicht allein lassen.

Zum Vertrauensverhältnis gehört auch, das Kind in seinen Gefühlen ernst zu nehmen. Nirgends sind wir so verletzlich, als wenn wir in unserem Kummer oder unserem Leid nicht ernst genommen, vielleicht sogar ausgelacht werden. Das zerstört das Vertrauensverhältnis sehr nachhaltig. Ein Kind wird sich mit seinen Gefühlen zurückziehen. Sexueller Mißbrauch aber führt gerade im Gefühlsbereich zu erheblichen Verwundungen.

Kinder müssen einfach wissen, daß sie immer mit ihren Eltern rechnen können. Wenn die siebzehnjährige Tochter nachts um 2.00 Uhr anruft und bittet, sie von der Disco abzuholen, dann ist das sicher kein Anlaß für Vorwürfe, sondern einer aufzustehen, sich ins Auto zu setzen und die Tochter zu holen. Natürlich weiß die Tochter, daß sie sich erstens erheblich verspätet hat und es zweitens den Eltern sehr unangenehm ist, aus dem Schlaf gerissen zu werden. Es ist doch schon ein Vertrauensbeweis, wenn sie trotzdem anruft und nicht versucht, irgendein Auto anzuhalten. Es gibt ja schließlich auch Notsituationen. Die Tochter könnte ja mit einer Freundin im Auto gefahren sein. Wenn sich diese dann im Laufe des Abends verliebt und verschwindet, steht die Tochter allein da. Wer wollte dann am Telefon sagen: „Sieh zu, wie du nach Hause kommst!" Das könnte sehr tragische Folgen haben. Nein, es reicht der Tochter zu sagen, wenn sie denn gut im Auto sitzt, „Ich weiß, daß du mich nicht unnötig aus dem Bett holst.“

Sexuelle Aufklärung – Liebeserziehung

Liebeserziehung heißt auch, Kinder zu schützen vor Enttäuschungen, Irrtum, Kummer, Mißbrauch und Ausbeutung. Es gilt der Satz: wissende Kinder sind geschützte Kinder, besser vielleicht geschütztere Kinder, denn einen absoluten Schutz gibt es nicht. Nur ein Kind, das über die Sexualität umfassend, soweit es der „Größe seines Glases“ jeweils entspricht, Bescheid weiß, kann vor sexuellem Mißbrauch und vor sexueller Ausbeutung geschützt werden. Wie wollte man denn einem Kind antworten, wenn es gewarnt würde, nicht mit einem Fremden mitzugehen und fragt, warum denn nicht, was macht der? Einmal abgesehen davon, daß ich, was noch zu besprechen sein wird, eine solche Warnung für verfehlt halte, dürfte doch die Antwort auf die Frage schwer fallen. Sie fiele entschieden leichter, wenn eben das Kind über „normales“ sexuelles Verhalten Bescheid wüßte. Dann könnte man schon einige Möglichkeiten benennen, zum Beispiel daß ein Täter versuche, sein großes Glied in die kleine Scheide des Mädchens zu stecken, was furchtbar weh tut oder daß er will, daß das Kind sein Glied in den Mund nehme.

Entscheidend ist freilich etwas ganz anderes: ein Kind, daß es gewohnt ist, über sexuelle Dinge zu Hause zu sprechen, weil es in der Familie üblich ist und keine Tabus bestehen und weiter weiß, wie das mit der Sexualität funktioniert, wird dann, wenn es andere Erlebnisse hat, keine Schwierigkeiten haben, darüber zu berichten.

Nochmals, es ist nicht möglich, ein Kind zu schützen, das nicht umfassend über Sexualität und über ihre Eingebundenheit in Beziehungen informiert ist. Selbst wenn es möglich wäre, vor Fremden auch abstrakt zu warnen, dann ist doch deutlich geworden, daß der fremde Täter eben die Ausnahme ist. Und etwa ein Verbot, nicht mit dem Trainer zu gehen, läge wohl nicht in dem Interesse der Eltern, wenn nicht ein Verdacht besteht. Vor verwandten und bekannten Tätern kann nur geschützt werden, wenn das Kind über Sexualität Bescheid weiß, damit ihm sofort auffällt, wenn etwas davon abweicht.

Wertesetzende Erziehung

Natürlich spielt hier auch wieder die Wertfrage herein. Welche Werte haben wir in der Erziehung gesetzt und Kindern als so wichtig vermittelt, daß sie sich wehren, wenn solche Werte verletzt werden. Solche Werte sind uns als Erwachsene selbstverständlich. Wenn sie Kindern auch selbstverständlich sein, und damit zu ihrem Schutz beitragen sollen, dann müssen wir sie vorleben.

Beispielsweise das Recht auf Sicherheit und körperliche Unversehrtheit, damit verbunden auch das auf körperliche Selbstbestimmung. Das Kind muß lernen, seine Rechte zu verteidigen, Eltern sollten es dazu ermutigen. Zum Beispiel muß jedes Kind wissen, das niemand ein Recht hat, ihm gegen seinen Willen unter die Kleider zu fassen und/oder seine Geschlechtsorgane zu berühren. Es sollte wissen, daß es bei solchen Erlebnissen das Recht hat, sich zu wehren. Kinder müssen es unbedingt lernen, mit allem Nachdruck „Nein" zu sagen, nicht zaghaft, sondern nachdrücklich und nicht nur mit Worten sondern ebenso durch Mimik und Körperhaltung.

Aber wir müssen auch Werte relativieren. Sicher muß es ein Kind lernen, das für sich zu behalten, was ihm im Vertrauen mitgeteilt wurde. Aber es muß auch zu unterscheiden lernen, daß es unterschiedliche Arten von Geheimnissen gibt. Wenn jemand mit einem Geschenk überrascht werden soll, um ihm eine Freude zu machen, dann ist das ein gutes Geheimnis, wenn dagegen ein Freund gestohlen hat und verlangt, das solle geheim bleiben, dann ist das eben deswegen ein schlechtes Geheimnis, weil es gegen Werte verstößt und keinen Wert beinhaltet.

Kinder sollten auch lernen, daß ein Versprechen immer freiwillig ist. Versprechen können nicht erzwungen werden. Wenn jemand einen anderen zu einem Versprechen mit Druck oder Nachteilen zwingt, dann ist das Erpressung. Unter Druck gegebene Versprechen brauchen nicht gehalten zu werden.

In diesem Zusammenhang möchte ich auch noch auf den Unterschied zwischen Geschenk und Bestechung verweisen. Geschenke sind niemals an Bedingungen geknüpft. Sie werden gegeben, um einen anderen Menschen zu erfreuen. Bestechung dagegen ist stets zweckgebunden und oft heimlich. Kinder sollten um den Unterschied und um die unterschiedliche Bewertung wissen. Das wird natürlich dann schwierig, wenn Eltern selbst versuchen, ihre Kinder zu bestechen. Ich denke, es geht nicht, etwa einem Kind zu sagen, „wenn du fleißig lernst und eine Eins nach Hause bringst, bekommst Du x-Mark von mir." Das ist Bestechung! Wieso eigentlich sollte das Kind auch Geld bekommen? Es ist doch nicht erstrebenswert, daß ein Kind nur des Geldes wegen lernt. Das Lernen ist für es selbst wichtig und es ist seine Aufgabe! Seine Belohnung ist die

Anerkennung durch die gute Note. Es muß als selbstverständlich eingestuft werden, daß das Kind lernt. Tut es das vor allem wegen der Belohnung, wird es auf diese Weise an Bestechung wie selbstverständlich gewöhnt. Es wäre doch auch eine andere Reaktion denkbar. „Du hast eine Eins in Mathe? Das freut mich aber riesig für dich, komm, laß uns diesen Erfolg feiern!"

Warnung und Gefahrenpädagogik

Warnung ist sicher das problematischste Mittel des Schutzes, weil

- es den typischen Täter nicht gibt;
- sie im Grunde nur fremden Tätern gegenüber wirksam werden könnte und die sind selten;
- weil sie dazu führen kann, daß Kinder überängstlich werden und in jedem Menschen das Böse vermuten, das heißt, sie werden zu einer mißtrauischen Grundhaltung erzogen;
- schließlich kann sie im Grunde nur bei älteren Kindern angewendet werden, weil für kleine Kinder unvorstellbar ist, daß freundliche Menschen böse sein können.

Warnungen können also nur einen sehr begrenzten Schutz bringen. Es müßte umfassender darum gehen, Kinder zu einem Verhalten zu erziehen, das sie gar nicht erst in Gefahrensituationen bringt vor allem auch, wenn sie allein unterwegs sind. Außerdem müssen sie lernen, sich in Gefahrensituationen situationsgerecht zu verhalten. Das muß sicher geübt werden.

Zunächst zur ***Gefahrenvermeidung***, ich spreche hier bewußt nicht nur von Mißbrauch, sondern eben viel allgemeiner von Gefahren, wenn Kinder allein unterwegs sind.

- Kinder sollten zur Pünktlichkeit erzogen werden, nicht nur aus Gründen der Höflichkeit und der Achtung vor der Zeit anderer Menschen sondern eben auch deshalb, weil Eltern schneller reagieren können, wenn Kinder ungewohnt unpünktlich sind. Eltern wissen dann, es ist etwas nicht in Ordnung.
- Eltern sollten vor allem für ihre jüngeren Kinder einen festen Weg von und zum Kindergarten oder zur Schule festlegen. Dies nicht nur wegen der Sicherheit im Straßenverkehr sondern eben auch deshalb, weil man nur dann sein Kind sinnvoll suchen kann.
- Bei Dunkelheit sollten Kinder nie allein gehen. In Gruppen sind sie kaum gefährdet. Das letzte Kind bleibt dann bei dem vorletzten und wird dort abgeholt.

- Niemals darf ein Kind in ein fremdes Auto steigen. „Fremd“ ist jedes Auto, das die Eltern nicht „freigegeben“ haben. Deshalb ist es wichtig für die Sicherheit von Kindern, ihnen genau zu sagen, in welches Auto sie einsteigen dürfen, zum Beispiel wenn sich verschiedene Elternpaare beim Abholen ihrer Kinder ablösen.
- Kinder sollten niemals ohne Wissen der Eltern Geschenke annehmen. So kann es vermieden werden, daß sie in Abhängigkeiten und Dankbarkeitshaltungen gebracht werden. Durch das Beispiel der Eltern sollten Kinder angehalten werden stets zu Hause darüber zu berichten, wenn sie etwas geschenkt bekamen.
- Ebenso durch das Beispiel der Eltern sollten Kinder daran gewöhnt werden, immer Bescheid zu sagen, wohin sie gehen, wo sie sich aufhalten und wann sie wiederkommen. Dies gehört fraglos zu den wichtigsten Schutzmaßnahmen vor allem auch dann, wenn Eltern daraus kein Geheimnis machen. Je mehr Leute wissen, daß Eltern immer wissen, wo ihr Kind ist, desto höher wird die psychische Hemmschwelle eines möglichen Täters in der Nachbarschaft.
- Kinder sollten auch nie die Wohnungstür aufmachen, wenn jemand klingelt und die Eltern nicht zu Hause sind. Hier wie am Telefon ist es aber auch nicht sinnvoll zu sagen, die Eltern seien nicht zu Hause. Die Formel „Meine Mutter kann gerade nicht mit ihnen sprechen, rufen sie doch bitte später noch einmal an (kommen sie bitte später noch einmal vorbei)“ ist hier zweckmäßiger.

An diesen Regeln wird deutlich worum es geht. Sie sind nicht nur auf Sittlichkeitsdelikte ausgerichtet, sondern können in unterschiedlichen Gefahrensituationen hilfreich sein.

Ich halte es für erzieherisch sehr bedeutsam, Kinder darauf vorzubereiten, in ungewohnten Situationen überlegt zu handeln, und nicht unnötig ängstlich und kopflos zu reagieren. Deshalb muß ***richtiges Verhalten in ungewohnten oder in Gefahrensituationen*** geübt werden. Wenn das im Kindesalter nicht geübt wird, fällt es auch später sehr schwer. Wir kennen alle Erwachsene, die geradezu in Panikzustände geraten, wenn etwas Unvorhergesehenes und vor allem auch Unangenehmes eintritt. Richtiges Reagieren hat nicht nur etwas mit dem Inhalt, der hier besprochen wird, zu tun. Es ist in allen Gefahrensituationen bedeutsam.

Immer wieder werde ich gefragt, wie denn ein richtiges Verhalten gefördert werden kann. Wenn ich von der kindlichen Situation ausgehe und ihrer Art zu lernen, dann denke ich in erster Linie an spielerisches Lernen. Kinder erfassen ihre ganze Umwelt spielerisch, wobei wir als Erwachsene erkennen sollten, daß kindliches Spiel nicht dem zweckfreien vergnüglichen Spiel Erwachsener, sondern eher mit ernsthaftem Arbeiten vergleichbar ist.

Um überlegtes Handeln zu üben, finde ich die bekannten „Was-wäre-wenn-Spiele" besonders hilfreich. Diese Spiele lassen sich in Form von erzählten Geschichten mit offenem Ende kleiden. Der Erwachsene erzählt beispielsweise die selbsterfundene Geschichte von einem Jungen, der auf einer großen Ausstellung seine Eltern aus den Augen verloren hat. Diese Geschichte kann ruhig ausgeschmückt werden, Kinder hören gerne Geschichten. Plötzlich findet dann der Junge seine Eltern nicht mehr, was soll er tun? „Was würdest du denn an seiner Stelle tun?"

Natürlich können solche Fragestellungen aber auch in Familienunterhaltungen aufgeworfen werden, etwa anknüpfend an eine Zeitungsmeldung oder an ein konkretes Erlebnis. Wichtig bei all diesen Fragestellungen, in welcher Form auch immer sie aufgeworfen werden ist es, nicht stets nur Gefahren- und Negativsituationen zu formulieren. Es geht ja nicht nur um den Schutz vor Gefahren sondern eben vor allem um überlegtes Handeln in ungewohnten Situationen. Natürlich müssen die Lösungsvorschläge, die von Kindern kommen, dann auch besprochen werden, nicht schulmeisterlich im Sinne von richtig oder falsch, sondern abwägend im Sinne von „könnte das wohl klappen?". Um das noch etwas zu verdeutlichen, nachstehend einen bunten Strauß möglicher Fragestellungen, der natürlich beliebig ergänzbar ist:

- Was würdest du tun, wenn du aus dem Nachbarhaus dicken Rauch aufsteigen siehst?
- Was würdest du tun, wenn Du zufällig siehst, was ich deiner Schwester zum Geburtstag schenken will?
- Was würdest du tun, wenn die Straßenbahn abfährt und ich bin drin und du draußen?
- Was würdest du tun, wenn du eine Spritze auf der Straße findest?
- Was würdest du tun, wenn du ein anderes Kind triffst, daß sich verlaufen hat?
- Was würdest du tun, wenn jemand dir etwas schenken will, wenn du sein Geschlechtsteil berührst?
- Was würdest du tun, wenn jemand dich festhält und dich mitnehmen will?
- Was würdest Du tun, wenn du bei einem Nachbarn in der Wohnung bist und er dich nicht wieder rauslassen will?

Die Antworten werden nicht immer leicht zu besprechen sein. Ich will zwei Fragestellungen beispielhaft herausgreifen.

Bei der Antwort auf die vorletzte Frage neigen kleinere Kinder dazu, völlig unpraktikable Antworten zu geben wie zum Beispiel „Den schieße ich oder den steche ich oder den trete ich". Das alles sind aber Verhaltensweisen, die ein Kind im Ernstfall gar nicht anwenden könnte. Dagegen könnte es ganz laut schreien, sich hinwerfen und strampeln. Etwas ältere

Kinder könnten auch versuchen dem Entführer mit aller Kraft auf den Fuß zu treten.

Die letzte Fragestellung ist noch schwieriger zu beantworten. Aus einer fremden Wohnung, kann sich ein Kind kaum entfernen, denn wenn der Täter zuschließt, ist das Kind ausgeliefert. Wenn der Erwachsene trotz Bitten das Kind nicht laufen läßt, hilft im Grunde nur ein sehr drastisches Verhalten: den nächstbesten schweren Gegenstand ohne jede Ankündigung zu ergreifen und ihn durch die Fensterscheibe auf die Straße zu schleudern und dabei kräftig zu schreien. Dadurch dürfte das Risiko den meisten Tätern als zu groß erscheinen. Entweder lassen sie das Kind von sich aus laufen oder das Kind kann den Schreck des Täters zum Entkommen nutzen. Man sollte sich freilich auch nicht zu viel davon versprechen. Dem Täter ist kaum im Nachhinein seine Gewaltsamkeit zu beweisen. Im Gegenteil wird er sich wahrscheinlich sehr über das unerzogene Kind beschweren, daß ihm ohne jeden Grund das Fenster zerstört habe. Er wird vielleicht sogar darauf bestehen, die Scheibe bezahlt zu bekommen. Die Kosten der Scheibe sollte Eltern die Freiheit ihres Kindes wert sein.

Panik hilft nicht

Schutz der Kinder vor sexuellem Mißbrauch läßt sich also nicht durch Warnung erreichen. Vielmehr ist ein Bündel von Maßnahmen erforderlich, wobei die Wichtigste das ungebrochene Vertrauensverhältnis zu den Eltern oder einem Elternteil und eine umfassende Liebeserziehung, in der die vollständige Aufklärung über sexuelles Verhalten altersgemäß eingebunden wurde. Dazu kommen dann die vermittelten Wertsetzungen, damit ein Kind genau weiß, was Recht und Unrecht ist und schließlich die Gefahrenpädagogik, die Kindern hilft, sich nicht in unnötige Gefahr zu begeben und sich in ungewohnten Situationen richtig zu verhalten.

Ich bin mir sicher, daß durch eine solche Erziehung der Schutz der Kinder ganz entscheidend verbessert werden kann. Und ich würde mir eine nüchterne Einschätzung der Gefahr wünschen. Es ist nicht damit geholfen, sich durch aufgebauschte Sensationsmache in den Medien in Panik und in ein mißtrauisches Verhalten gegenüber Familienangehörigen, Freunden und Bekannten versetzen zu lassen. Informierte Eltern, die wach ihre Umgebung und ihre Kinder beobachten und stets Schönes und Unschönes wahrnehmen und registrieren, werden durchaus frühzeitig Veränderungen im Verhalten ihrer Kinder bemerken und dann entsprechend handeln können. Denn nicht jede auch nicht jede nachhaltige Veränderung muß sexuellen Mißbrauch als Ursache haben.

Bücher als Hilfsmittel in der Liebeserziehung

Eltern haben vor allem die Möglichkeit, Bücher als Hilfsmittel in der Liebeserziehung einzusetzen. ErzieherInnen und LehrerInnen können dagegen auch auf Filme zurückgreifen. Es wird sicher nicht erstaunen, daß ich Bücher als besonders wichtige und nützliche Hilfsmittel in der Liebeserziehung ansehe, sowohl für Kinder als auch für Jugendliche. Ob sie eingesetzt werden können, ist natürlich eine Frage der Qualität.

Einmal abgesehen von dem Unterhaltungsbedürfnis, das sicher die Haupttriebfeder des Lesens ist, sind es die sehr intensiven Leseerlebnisse, die Miterlebnisse, die tief berühren und fortwirken. Sie ermöglichen das erlebnishafte Erfassen der Welt, gleichsam als Vorstufe rationalen Erkennens. Für Jugendliche ist das Buch darüber hinaus eine Möglichkeit, durch Lebensgeschichten anderer eigenen Lebenssinn zu erleben. Der Medienforscher Baacke hat das so formuliert: „Bücher befriedigen mit ihren Stoffen in erster Linie Ich-Neugier des Jugendlichen an Modellen anderer." Jugendliche hoffen, sich selbst in den Büchern und ihren Stoffen zu spiegeln. Die Geschichten werden geradezu zu „Spiegelgeschichten" (Horst Krüger). Dieses tiefe Angerührtsein bleibt natürlich nicht folgendlos.

Bücher wirken, daran kann kein Zweifel bestehen. Wenn ich mich recht erinnere, war es Herder, der schrieb, daß ein Buch oft schon auf die ganze Lebenszeit einen Menschen gebildet oder verdorben habe.

Bücher helfen nicht nur das Wissen zu erweitern, sondern sie wirken auch auf Einstellungen und Verhaltensweisen. Ihre Wirkung ist viel nachhaltiger, als etwa die einzelner Filme oder Fernsehsendungen, weil der Lesende das Tempo der Aufnahme entsprechend den eigenen Bedürfnissen und Fähigkeiten selbst steuert, und Wiederholungen jederzeit möglich sind.

Eltern stehen dem großen Buchangebot für Kinder und Jugendliche oft hilflos gegenüber. Was ist gut, was schlecht? Ich beschränke mich darauf, Beurteilungshilfen für Kinder- und Jugendbücher zu geben, die für die Liebeserziehung bedeutsam sein können.

Beurteilung von Sachbüchern

- Sachbücher dürfen keine Darstellungen enthalten, die den Zielsetzungen der Liebeserziehung zuwiderlaufen; sie sollen vielmehr möglichst viele Teilziele unterstützen und fördern, sowie die Verbindung zwischen den Teilzielen deutlich werden lassen.

Natürlich ist es nicht möglich, in einem Sachbuch alle Zielsetzungen anzusprechen. Jedoch sind Zweifel an der Qualität eines Buches angebracht, wenn gegen eine der Forderungen bzw. Zielsetzungen verstoßen wird. Das wäre zum Beispiel der Fall, wenn bei sonst guten und sachgerechten Inhalten überkommene Geschlechterrollen in Wort oder Bild festgeschrieben würden.

Natürlich ist es nicht zu kritisieren, wenn ein Sachbuch nur einen Teilbereich der Sexualität oder des sexuellen Verhaltens aufgreift, jedoch ist es dann erforderlich, zumindest jedoch wünschenswert, die Eingebundenheit in den Gesamtbereich deutlich werden zu lassen. So ist es zum Beispiel nicht nur richtig sondern geradezu notwendig, in einem Buch mit dem Titel und dem Inhalt „Geburt“ auch andere Teilbereiche, also etwa Helfen, Rücksichtnehmen, Verantwortung, Rollenverhalten oder soziales Miteinander anzusprechen.

- Ein Sachbuch darf keine Unwahrheiten enthalten.

Es verstieße sicher gegen die Zielsetzungen der Sexualerziehung, wenn beispielsweise Onanie als schädlich, krankhaft oder verwerflich dargestellt würde. Ebenso wäre es ein Verstoß, wenn zärtliche Beziehungen junger Menschen untereinander durch die Auslösung von Ängsten erschwert oder andererseits durch Verharmlosung seelischer Verwundbarkeit oder körperlicher Beeinträchtigung dem Bereich harmloser Spielerei zugerechnet würden.

Auch die generelle Darstellung sexueller Beziehungen als liebevoll, ist schlicht und einfach unwahr. Dennoch gehört sie auch in Kinder- und Jugendbüchern nicht der Vergangenheit an. Schließlich können sexuelle Beziehungen ebenso von Angst, Gleichgültigkeit, Herzlosigkeit, Ausnutzung oder gar Gewalt gekennzeichnet sein. Durch solche falsch gewichtete Information entsteht die Gefahr späterer großer Enttäuschungen. Ich zog die Konsequenz aus diesem, meines Erachtens schwerwiegenden Fehler, indem ich in meinen Büchern alles erkläre, was zum Liebhaben gehört und gleichzeitig verdeutliche, das einzelne Teilbereiche allein keineswegs auf ein liebevolles Verhalten hindeuten müssen.

Wahrhaftigkeit in der Aussage zeigt sich aber noch anders. In dem Bilderbuch „Wie Vater und Mutter ein Kind bekommen", findet sich unter einem Bild, das die geschlechtliche Vereinigung der Eltern darstellt unter anderem die folgende Doppelzeile: „So können Vater und Mutter ein Kind bekommen, wenn sie es wollen." Erziehende sollten sich niemals selbst in die Situation bringen, etwas früher als richtig bezeichnetes widerrufen zu müssen. Es muß in der Erziehung allgemein und in der geschlechtlichen Erziehung im besonderen stets um die Erweiterung von Anfang an richtigen Wissens gehen. Dies vorangestellt ist diese Doppelzeile geradezu mustergültig. Hier braucht später nichts zurückgenommen zu werden. In dem Satz wird ja nicht nur gesagt, daß die Eltern das Kind wollten, sondern auch, daß sie es nicht hätten wollen können. Geburtenregelung ist angedeutet, weitere Erziehung kann darauf aufbauen.

- Die getroffenen Aussagen sollen für die angesprochene Bezugsgruppe bedeutsam sein und unter diesem Gesichtspunkt aus der Fülle möglichen Stoffes ausgewählt sein.

Gerade in diesem Punkt wird es viele Meinungsverschiedenheiten geben. Der Beurteilende wird vor sich selbst sehr deutllich Rechenschaft geben müssen, ob das, was er nicht für bedeutsam hält, wirklich diese Einstufung verdient. Vielleicht führte ja auch die eigene Erziehung und Prägung dazu, das, was als unangenehm empfunden wird, rationalisierend als nicht bedeutsam für Kinder zu erklären. Hier gibt es selbst bei sonst sehr aufgeschlossenen Menschen erstaunliche Barrieren.

- Sachbücher zur Sexualität dürfen weder angstauslösend noch angstverstärkend wirken, vielmehr sollen sie dazu beitragen, Ängste abzubauen.

Geburt kann beispielsweise sehr unterschiedlich dargestellt werden. Wird der Schmerz der Mutter besonders herausgestellt, kann Geburtsangst ausgelöst oder manifestiert werden. Andererseits darf auch nicht so getan werden, als gäbe es den Schmerz nicht. Es muß darum gehen, zu informieren ohne Geburtsängste auszulösen. In der fotografischen Darstellung ist das durch den Aufnahmewinkel erreichbar, wenn das Gesicht der Mutter beispielsweise durch ein aufgestellte Bein verdeckt wird. Mit Schwarzweiß-Fotografie oder Zeichnung läßt sich die bei Kindern stets angstbesetzte Darstellung von Blut vermeiden. Durch geeignete Wortwahl bei Bildunterschriften bzw. in Texten lassen sich beispielsweise Schmerzen relativieren: „Ich habe mich so über dich gefreut, daß ich das schnell wieder vergessen hatte“.

- Es dürfen keine allgemeinen pädagogischen Grundhaltungen und Zielsetzungen verletzt werden.

Sexualität steht im Gesamtbezug des Lebens. Deshalb ist es abzulehnen, die Erzogenheit auf sexuellem Gebiet auf Kosten anderer Lebensbereiche zu fördern. Solche Verletzungen von pädagogischen Grundhaltungen und Zielsetzungen sind besonders in sich „fortschrittlich“ gebenden Aufklärungsbüchern zu finden. So ist es meines Erachtens ein deutlicher Eignungsmangel eines Buches für Kinder oder Jugendliche, wenn die Anbiederung des Autors an seine jungen Leser so weit geht, Erwachsene schlechthin lächerlich zu machen oder Eltern als böswillig, als mißgünstig den eigenen Kindern gegenüber hinzustellen. Auch Ausdrücke wie „labernde Verbotserzieher“ sind sicher wenig geeignet, das Verhältnis zwischen pubertierenden jungen Menschen und ihren Eltern und Erziehern zu erleichtern.

- Sachbücher sollen eine altersgemäße Wort-, Bild- und Symbolsprache benutzen, damit sie verstehbar sind und dem Lesenden helfen, sich selbst verständlich zu machen.

Es ist kein Zeichen von Progressivität, wenn mittelschichtenorientierte Autoren Gossenausdrücke benutzen und damit wohl ihre eigenen Probleme mit der Sexualität zu bewältigen trachten. Darüber hinaus ist das aber auch unpädagogisch. Zwar ist der Grundsatz, Kinder dort abzuholen, wo sie gerade stehen, richtig (also auch bei ihrem jeweiligen Sprachniveau), aber es ist unverantwortlich, sie dort auch belassen zu wollen. Das wäre eine Art von Herrschaftsausübung, die sich in einem besonderen Maße dort findet, wo Sexualität als Vehikel für politische Indoktrination mißbraucht wird.

Das Sprachproblem ist jedoch bei Themen der Sexualität auch deshalb in besonderem Maße bedeutsam, weil sich bedingt durch die lange Tabuisierung in unserer Gesellschaft unterschiedliche Sprachebenen entwickelt haben:

- die Medizinersprache,
- die „verkindelte“ Sprache,
- eine Begriffe ausdehnende und damit verfälschende Sprache,
- eine grobe und zotige Sprache.

Hier soll vor allem auf das Problem der verfälschenden Sprache aufmerksam gemacht werden, weil es allzuoft nicht erkannt wird. So wird zum Beispiel der Satz „Sie lieben sich“ häufig für Geschlechtsverkehr gebraucht.

Damit aber wird sprachlich gesehen ein Teilbereich für das Ganze gesetzt und zwar ein Teilbereich, der keineswegs etwas mit Liebe zu tun haben muß, wie ich an anderer Stelle bereits ausführte.

Auch „verkindelnde“ Sprache ist problematisch, sie darf keineswegs mit dem erzieherisch richtigen Ansetzen an kindlichen Ausdrücken verwechselt werden. „Verkindelnde“ Sprache bestärkt Kinder auf dem Niveau, auf dem sie stehen oder wirft sie sogar zurück. Wenn etwa eine Psychologin vorschlug, Kindern als Bezeichnung für die weibliche Brustwarze „Kirschle“ beizubringen, weil dieser Ausdruck kindgemäß sei, so wird sehr drastisch deutlich, was ich mit „verkindelnder“ Sprache meine. Dagegen kann Sprache an kindlichen Ausdrücken anknüpfen aber weiterführen und helfen, sich sachgemäß ausdrücken zu lernen.

Wir stehen heute in der Situation, daß im Grunde keine Sprachebene voll befriedigen kann. Der Ausweg liegt deshalb darin, verschiedene Ebenen nebeneinander zu vermitteln:

- die mehr sachliche Ebene und
- die mehr intime Ebene.

Es kommt auf Folgendes an: Das bestehende Sprachniveau des Lesenden darf nicht mit Wertungen diffamiert werden, gleichzeitig aber sollten Hilfestellungen für seine Entscheidung für bestimmte Bezeichnungen gegeben werden unter den Kriterien „zärtliches Liebeswort“ und/oder „allgemeine Verständlichkeit“.

Die Wortsprache wird ergänzt durch das Bild und das darin enthaltene Symbol. Das kann von ganz besonderer Wichtigkeit gerade auch für das jüngere Kind sein. In dem Buch „Wie Vater und Mutter ein Kind bekommen“ ist die Bildsprache für das kleinere Kind besonders verstehbar gelungen, wie ich aus vielfältigen Beobachtungen und Elternberichten weiß. Herzen auf dem Bett symbolisieren Liebe, leicht geöffnete Münder Lächeln, der stete Körperkontakt des Paares Zuneigung, Bart und Zöpfe erleichtern das Wiedererkennen von Personen. Solche klare Symbolsprache läßt sich natürlich in einem gezeichneten Buch leichter realisieren als in einem fotografierten. Zudem bietet die Zeichnung auch mehr Identifikationsmöglichkeiten mit Personen als die eindeutigere Fotografie.

Übrigens ist die Zeichnung nicht nur in Büchern für kleine Kinder bedeutsam. Wegen der Klarheit der Aussage ist sie auch in Büchern für ältere Kinder und Jugendliche dann zu bevorzugen, wenn die Funktion von Organen erklärt wird, freilich sollte sie dann durch Fotografien ergänzt werden.

Beurteilung belletristischer Literatur

Abweichend von diesen relativ strengen Kriterien für Sachbücher stellen sich die Anforderungen an ein belletristisches Buch etwas anders dar. So ist es dort beispielsweise nicht zu beanstanden, wenn handelnde Personen ein mieses Sprachniveau haben. Vielmehr käme es darauf an, wie dieses Sprachniveau durch den Erzähler der Geschichte gewertet und eingeordnet wird. Grundsätzlich negativ wäre es freilich, wenn die Sprache des Erzählers in die Rubrik „Gossensprache" einzuordnen ist.

Negativ wäre es auch, wenn überkommene Geschlechterrollen als selbstverständlich dargestellt werden, wobei besonders auf den emotionalen Bereich oder die Schilderung unterschiedlicher Antriebe zu achten ist. Männer als rational, hart, durchsetzungsfreudig und im Gegensatz dazu Frauen als emotional, weich und anpassungswillig darzustellen, widerspricht dem Erziehungsziel und kennzeichnet deshalb eine fragwürdige Literatur, die sich aus überholten Wertvorstellungen speist.

Nicht zu beanstanden ist dagegen, wenn handelnde Personen eines Kinder- oder Jugendbuches gegen Ziele der Liebeserziehung verstoßen. Vielmehr käme es darauf, wie solche Verstöße in der Handlung eines Buches selbst gewürdigt werden, welchen Stellenwert sie haben, wie die handelnden Personen das empfinden, welche Schlüsse sie daraus ziehen.

Als Beispiel möchte ich Christine Nöstlingers „Pfui Spinne" heranziehen. Dort wird die sexuelle Begegnung zwischen Christine und ihrer „Liebe-auf-den ersten-Blick" in aller Ausführlichkeit, keineswegs moralisierend, im Gegenteil höchst vergnüglich geschildert. Um es deutlich zu formulieren: Christine wird von einem italienischen Gigolo „vernascht". Christine trägt keineswegs einen „Schaden für das Leben" davon. Aber im Gesamtzusammenhang der Handlung wird doch deutlich, wie sehr sie mit ihrer flinken Verliebtheit auf die Nase gefallen ist. Eine Empfehlung zur Nachahmung ist das gewiß nicht, eher eine Aufforderung zur Auseinandersetzung. Das, was isoliert lesende moralisierende „Stellensucher" vielleicht brandmarken würden, ist im Gesamtzusammenhang der Handlung geradezu eine großartige zur Vorsicht anregende „Spiegelgeschichte" für Jugendliche mit ausgeprägten Urlaubssehnsüchten.

Weitere Beurteilungsmaßstäbe wären beispielsweise,

- Bücher sollten nicht dazu beitragen, körperliche Attraktivitätsmerkmale unserer Gesellschaft zu verstärken, sondern im Gegenteil sie zu hinterfragen und zu verdeutlichen, daß ein äußeres Erscheinungsbild wenig verläßliche Schlüsse auf innere Qualitäten zuläßt.

- Werden in einem Buch sexuelle Verhaltensweisen als positiv bewertet, so dürfen sie nicht von sexueller Ausbeutung und Lieblosigkeit gekennzeichnet sein. Die bloße Tatsache eines von vorherrschenden gesellschaftlichen Auffassungen abweichenden sexuellen Verhaltens ist dagegen nicht zu beanstanden.
- Bücher sollten Kindern und Jugendlichen sprachliche Modelle im sexuellen Bereich anbieten, die sozial akzeptabel sind, damit sie es lernen, sich situationsgerecht auszudrücken.
- Bücher sollten den Respekt vor den Entscheidungen, Wünschen und Bedürfnissen anderer vermitteln.
- Positiv dargestellt werden sollte die Fähigkeit, eigene Bedürfnisse zu akzeptieren, sie aber gleichzeitig rational kontrollieren zu können.
- Vertrauen und Verläßlichkeit sollten als tragende Säulen von Partnerschaft dargestellt werden.
- In Büchern soll eine positive Darstellung von persönlichen Freiräumen im Rahmen einer Partnerschaft vermittelt werden.

Natürlich werden nicht alle diese Kriterien für jedes Buch anwendbar sein. Ein Buch ist also nicht nur dann positiv einzuschätzen, wenn es allen formulierten Kriterien gerecht wird. Dies kann schon deshalb nicht der Fall sein weil die Inhalte der Bücher unterschiedlich sind und nie umfassend sein können. Jedoch darf ein Kinder- oder Jugendbuch, das ich als gut bewerte, nicht zu den Kriterien in Widerspruch stehen, sofern sie thematisiert sind.

Empfehlenswerte Bücher

Natürlich ist es hier nicht möglich, eine Liste empfehlenswerter Literatur für Kinder und Jugendliche zu veröffentlichen. Es wäre auch nicht sinnvoll, weil sich das Angebot auf dem Büchermarkt laufend verändert. Einige Beispiele sollen genannt werden, damit Eltern das, was ich ausführte, lesend nachvollziehen können.

Belletristik

Beispielhaft für nach meiner Meinung empfehlenswerte belletristische Literatur sind

für das Grundschulalter
Perter Härtling: „Ben liebt Anna“
Christine Nöstlinger (mit Zeichnungen von Janosch): „Einer“

für 11- bis 14jährige
Susanne Kilian: „Lenakind“
Achim Bröger: „Ich mag dich“

für Jugendliche
Irina Korschunow: „Er hieß Jan“
Christine Nöstlinger: „Pfui Spinne“
Irina Korschunow: „Anruf von Sebastian“
Jo Pestum:„Die Stunden mit Dir“

Im übrigen möchte ich auf die Buchempfehlungslisten verweisen, die in allen guten Buchhandlungen und in allen öffentlichen Büchereien ausliegen. Sie werden vom Arbeitskreis für Jugendliteratur in München und vom Deutschen Jugendschriftenwerk in Mainz herausgegeben. Eltern sollten danach fragen, bevor sie sich für ein bestimmtes Buch entscheiden. Vor allem sollten sie sich nicht auf die Aussagen von Buchhändlern („Das wird sehr gerne gekauft“) alleine verlassen.

Sachbücher

Auch bei den empfehlenswerten Sachbüchern ist die Palette riesengroß.
Für die bis etwa 5/6jährigen ist in meinen Augen bis heute das Buch von
Per Holm Knudsen: „Wie Vater und Mutter ein Kind bekommen“
nicht übertroffen.
Für die 6 — 8jährigen ist ein besonders gut gelungenes Beispiel
Fagerström, Grethe und Hannson, Gunilla: „Peter, Ida und Minimum“
Für die älteren Kinder und Jugendlichen habe ich selbst zwei Bücher geschrieben, zu denen ich natürlich voll stehe, weil ich glaube, dort meine Konzeption einer Liebeserziehung konsequent umgesetzt zu haben:
„Das Buch vom Liebhaben“ (für Kinder zwischen 8 und ca. 12 Jahren)
und
„Das Buch vom Lieben und Geliebtwerden“ (für Jugendliche)

Sachbücher zum Thema „Mißbrauch“

Rose Griffel: Jenny sagt „nein“ (für Schulkinder)
Dorothee Wolters: Das große und das kleine NEIN! (für Kinder ab ca. 5 Jahren)

Ein persönliches Wort zum Schluss

Ich hoffe, Ihnen, liebe Leserinnen und Leser, aus meinen Erfahrungen heraus manche Anregung und manchen Grund zum Nachdenken gegeben zu haben. Es geht meines Erachtens um die wichtigste Erziehungsaufgabe, die wir als Eltern haben, wichtig sowohl für das Glück unserer Kinder als auch für ein friedliches Zusammenleben der Menschen in unserer Gesellschaft.

Beziehungserziehung, die von der Befähigung zu Liebesbeziehungen gekrönt wird, ist im Grunde eine bewußte, neue und andere Schwerpunktsetzung. In ihrem Mittelpunkt steht der Mensch, alles andere hat ihm, seinen Beziehungen und seiner körperlichen und seelischen Gesundheit zu dienen, hat sich ihm unterzuordnen.

Ist das neu? Nein, neu ist es sicher nicht, aber es wird im Alltag oft vergessen. Das harte Berufsleben und die Sorge um die wirtschaftliche Zukunft der Kinder nehmen uns oft so gefangen, daß wir das Wesentliche übersehen. Und wesentlich scheint mir zu sein, daß wir gemeinsam mit vertrauten und geliebten Menschen Verläßlichkeit, Sicherheit, Geborgenheit, Zuwendung und damit zutiefst Zufriedenheit und seelische, letztlich auch körperliche Gesundheit erreichen und erhalten, daß wir uns die Chance erhalten, in dauerhaften Beziehungen unterschiedlicher Art glücklich zu sein. Ich wünsche Ihnen, daß es gelingt, durch Erziehung zur Liebesfähigkeit dafür die Voraussetzungen für Ihre Kinder zu schaffen.

Anhang: Ratschläge aus ärztlicher Sicht

Die nachstehenden Informationen haben wir für Eltern zusammengestellt, natürlich können sie auch für ErzieherInnen und LehrerInnen hilfreich sein. Unser Ziel ist es, damit eine Grundlage für Gespräche mit Kindern und Jugendlichen zu vermitteln. Wir können und wollen Eltern damit nicht die Entscheidung abnehmen, welchen konktreten Rat sie ihrem Kind geben. Natürlich wissen wir, daß manche unserer Informationen unterschiedlich gewertet werden können und bitten darum, unsere Ratschläge selbst auf den speziellen Einzelfall des jeweiligen Kindes bzw. Jugendlichen zu übertragen.

Schwangerschaftsverhütung

Die Methoden zur Verhütung einer ungewollten Schwangerschaft sind vielfältig und sollten vor der Anwendung eingehend geprüft werden. Vor Beginn des ersten Geschlechtsverkehrs bleibt immer genug Zeit, um sich kennenzulernen und andere Zärtlichkeiten auszuprobieren. Überstürztes Drängen nach Geschlechtsverkehr ist besonders für bisher unerfahrene Partner sicherlich nicht der richtige Weg. Einerseits bringt man sich um andere wertvolle Erfahrungen, andererseits kann unüberlegtes Handeln zu einer ungewollten Schwangerschaft oder auch zu einer Geschlechtskrankheit führen. Wartet man etwas ab, so bietet sich in der Zwischenzeit vielleicht die Chance, den Partner, seine Gefühle und Wünsche und auch die eigenen Bedürfnisse besser kennenzulernen und es bleibt genug Zeit, sich gemeinsam über die persönlich richtige Verhütungsmethode Gedanken zu machen. Dies ist umso wichtiger, als heutzutage der erste Geschlechtsverkehr ja meistens nicht zu einer Schwangerschaft führen soll.

Wir möchten im Folgenden die bekannten Methoden beschreiben und bewerten. Eine vernünftige individuelle Entscheidung ist aber sicherlich nicht ohne die Beratung und Untersuchung beim Frauenarzt möglich und sinnvoll.

Natürliche, begrenzte Sterilität:

Stillzeit

Beschreibung:
Während der Stillzeit ändert sich der Hormonhaushalt der Frau so, daß eine Empfängnis erschwert ist.
Sicherheit:
Kein verläßlicher Schutz, eine Empfängnis ist möglich
Gesundheitliche Beurteilung:
Keinerlei unnatürlicher Eingriff in den Hormonhaushalt oder andere Manipulation
Anwendungsempfehlung:
Geeignet für alle Frauen, die eine weitere Schwangerschaft nicht sicher ausschließen wollen bzw. müssen

Periodische Abstinenz:

Rhythmusmethode (Knaus-Ogino)

Beschreibung:
Die Frau berechnet anhand ihres Zyklus den Eisprungtermin und kann auf diese Weise die unfruchtbaren Tage bestimmen.
Vorgehensweise zur Berechnung:
1) Vom kürzesten Zyklusintervall werden 18 Tage abgezogen (erster potentiell unfruchtbarer Tag)
2) Vom längsten Zyklusintervall werden 11 Tage abgezogen (letzter potentiell unfruchtbarer Tag)

In dem so errechneten Zeitraum ist die Bereitschaft zur Empfängnis in der Regel herabgesetzt. Die Berechnung sollte anhand eines einjährigen Zykluskalenders (nicht nach dem Gedächtnis!) erfolgen.
Sicherheit:
Nicht sonderlich groß; halbiert gerade einmal das Risiko einer Schwangerschaft im Vergleich zu ungeschütztem Verkehr. Besonders für junge Mädchen und Frauen mit unregelmäßiger Periode ist diese Methode zu unsicher.

Gesundheitliche Beurteilung:

Keine gesundheitlichen Bedenken.

Anwendungsempfehlung:

Geeignet für Frauen mit regelmäßiger Periode, die eine Schwangerschaft nicht unbedingt ausschließen wollen oder müssen.

Temperaturmethode

Beschreibung:

Tägliche Messung der Körpertemperatur zu einem festgesetzten Zeitpunkt, am besten morgens vor dem Aufstehen. Ab dem dritten Tag nach Anstieg der Körpertemperatur (ca. 10 Tage nach Ende der Regelblutung um ca. 0,5 °C) beginnt die unfruchtbare Periode. Der Beginn der empfänglichen Periode kann aber nicht bestimmt werden. Diese beginnt meist einige Tage nach der Menstruation.

Sicherheit:

Bei sorgfältiger Durchführung und regelmäßigem Tagesrhythmus gut, vergleichbar mit der Sicherheit der Minipille. Unsicherheiten bestehen natürlich bei einer Infektion, aber auch bei Änderung des Lebenswandels, Streß usw. Bei gleichzeitiger Anwendung der Billings-Methode (s.u. Symptothermale Methode) wird eine hohe Sicherheit erreicht.

Gesundheitliche Beurteilung:

Keine gesundheitlichen Bedenken.

Anwendungsempfehlung:

Geeignet für disziplinierte Frauen mit festem Tagesryhythmus und gleichförmigem Lebensstil.

Billings-Methode

Beschreibung:

Diese Methode beruht auf dem Nachweis des typischen glasklaren und fädenziehenden Schleims der Gebärmutterhalsschleimhaut, der anzeigt, daß sich der Zyklus in einer Phase um den Eisprung herum befindet und Empfängnisbereitschaft anzunehmen ist. Erst wenn sich die Beschaffenheit des Schleims in charakteristischer Weise verändert hat, besteht ein gewisser Schutz vor Empfängnis.

Sicherheit:

Die Schutzwirkung hängt zum einen von der Zuverlässigkeit und Selbstdisziplin der Frau und zum anderen von der physiologischen Veränderlichkeit des Geschlechtsorgans ab. Im Falle von Infektionen im Genitalbereich ist die Methode z.B. nicht mehr anwendbar. So wundert es nicht, daß die Schwangerschaftsrate im Vergleich zu ungeschütztem Verkehr nur ca. halbiert wird. Durch Kombination mit der Temperaturmethode (s.u. Symptothermale Methode) ist es jedoch eine sichere Möglichkeit der Schwangerschaftsverhütung.

Gesundheitliche Beurteilung:

Medizinischerseits bestehen keine Bedenken.

Anwendungsempfehlung:

Als alleinige Verhütungsmethode wegen zu großer Unsicherheit nicht empfehlenswert.

Symptothermale Methode (NFP)

Beschreibung:

Die symptothermale Methode besteht aus der Kombination der Temperatur-Methode und der Billings-Methode (Beschreibung siehe dort) und setzt periodische Enthaltsamkeit voraus. Ergänzend können andere Zeichen, die alleine noch keine besondere Sicherheit aufweisen wie z. B. der Muttermundsbefund (hart/weich, geöffnet/geschlossen) und individuelle Besonderheiten beispielsweise das Auftreten von Gefühlsänderungen, Krämpfen, Kopfschmerzen) hinzugezogen werden. Neuerdings sind auch einfache Test-Kits erhältlich, mit deren Hilfe Hormonspiegel aus dem Urin selbst bestimmt werden können und so zusätzlich die Sicherheit dieser periodischen Enthaltsamkeit vergrößern können. Die Kombination solcher Methoden wird teilweise unter dem Begriff "natural family planning" oder kurz NFP zusammengefaßt.

Sicherheit:

Die Kombination aus Temperatur- und Billings-Methode erreicht eine hohe Sicherheit, die nur wenig unter der "Pille" liegt. Die Weltgesundheitsorganisation spricht nach Auswertung einiger Studien von 98,5% Sicherheit. Ob diese Quote durch zusätzliche Parameter erhöht werden kann, ist nicht endgültig geklärt.

Gesundheitliche Beurteilung:

Medizinischerseits bestehen keine Bedenken.

Anwendungsempfehlung:

Für Frauen/Paare geeignet, denen natürliche Schwangerschaftsverhütung besonders wichtig ist und die dafür bereit sind, sich hohe Selbstdisziplin aufzuerlegen und ein geringes Sicherheitsdefizit in Kauf zu nehmen.

Selbstbestimmung von Hormonen

Beschreibung:

Neuerdings sind einfache Test-Kits erhältlich, mit deren Hilfe Hormonspiegel aus dem Urin selbst bestimmt werden können. Ändert sich die Hormonausscheidung, wird so die fruchtbare bzw. unfruchtbare Zeit angezeigt. Kommerzielle Test-Kits versprechen dies sogar bei nur achtmaliger Bestimmung im Monat. Hormonbestimmungen aus dem Urin können auch Teil der NFP (s.o.) sein.

Sicherheit:

Als alleinige Methode zu unsicher (ca. 6 % Versager); in Kombination mit anderen Methoden durchaus geeignet, aber relativ teuer.

Gesundheitliche Beurteilung:

Medizinischerseits bestehen keine Bedenken.

Anwendungsempfehlung:

Als alleinige Methode etwas zu unsicher; in Kombination mit NFP für Frauen/Paare geeignet, die auf natürliche Schwangerschaftsverhütung Wert legen und sich dies auch etwas kosten lassen wollen.

Volksmethoden:

Coitus interruptus (Unterbrechung des Geschlechtsverkehrs)

Beschreibung:

Unterbrechung des Geschlechtverkehrs vor dem Orgasmus des Mannes, bzw. dem damit verbundenen Samenerguß durch Herausziehen des Gliedes aus der Scheide.

Sicherheit: Nicht sicher

Gesundheitliche Beurteilung:

Es bestehen zwar keine gesundheitlichen, wohl aber psychische Bedenken, da das Wissen um die Unsicherheit der Methode und die erforderliche Geistesgegenwart oft Angst macht und dadurch zu sexuellen Hemmungen und Ausbleiben des Orgasmus bei beiden Partnern führen kann.

Anwendungsempfehlung:

Als alleinige Methode nicht zur Empfängnisverhütung geeignet.

Scheidenspülung

Beschreibung:

Spülung der Scheide mit verschiedenen Flüssigkeiten direkt nach dem Geschlechtsverkehr

Sicherheit:

Keine wirksame Methode, da sich die Spermien schon Sekunden nach dem Orgasmus des Mannes in der Gebärmutter befinden und durch eine Spülung nicht mehr entfernt werden können.

Gesundheitliche Beurteilung:

Da häufig Unverträglichkeitsreaktionen auftreten und schon eine Seifenlösung die empfindliche Scheidenflora erheblich stören und in der Folge zu Entzündungen führen kann, stellt diese ohnehin wirkungslose Methode eine gesundheitliche Gefährdung dar.

Anwedungsempfehlung: Prinzipiell ungeeignet

Hormonale Schwangerschaftsverhütung:

Ovulationshemmer ("Pille")

Beschreibung:

Inhaltsstoffe der Tabletten oder Dragées sind die Hormone Östrogen und Gestagen in unterschiedlicher Zusammensetzung. Diese greifen in den Hormonhaushalt ein und führen bei der Frau zu einer Hemmung des Eisprungs. Weitere empfängnisverhütende Eigenschaften der Pille bewirken außerdem eine Änderung der Eileiterbeweglichkeit, die in der Folge das eventuell dennoch gesprungene Ei nur schlecht transportieren sowie eine vorübergehende Veränderung der Gebärmutter, die eine Einnistung des befruchteten Eies unmöglich macht.

Sicherheit:

Sehr groß fast keine Schwangerschaften unter regelmäßiger und zuverlässiger Einnahme. Sicherste empfängnisverhütende Methode.

Gesundheitliche Beurteilung:

Durch den Eingriff in den Hormonhaushalt ist die Pille nicht unproblematisch. Nur nach gründlichem Gespräch und eingehender Untersuchung wird sie ein Arzt verschreiben. Da es eine Fülle verschiedener Präparate gibt, die auch aus anderen Gründen (z.B. Wechseljahresbeschwerden, schwere Akne) empfohlen werden, sollte auf jeden Fall vor einer Einnahme ein Frauenarzt befragt werden. Von einer eigenmächtigen und unüberlegten Einnahme z.B. eines der Mutter verordneten Präparates kann man nur abraten. Auch sollte während der Einnahme regelmäßig ein Gynäkologe aufgesucht werden. Vielleicht hat sich ja in der Zwischenzeit etwas geändert, was entweder ein anderes Präparat oder überhaupt eine andere Verhütungsmethode erforderlich macht.

Nicht geeignet ist die Pille bei:

- Stillenden Müttern
- Grunderkrankungen, die in das Gerinnungssystem eingreifen (Neigung zu Blutgerinnungsstörungen; Thrombosen)
- Lebererkrankungen
- Unterschwelliger oder manifester Zuckerkrankheit
- Fettstoffwechselstörungen
- Erhöhtem Blutdruck

Außerdem ist die Pille für Raucherinnen recht problematisch, weil sich das Risiko von Thrombosen erhöht.

Daneben gibt es weitere zahlreiche mögliche Nebenwirkungen, die hier nicht aufgeführt werden können, über die aber der Frauenarzt genauer informiert, wenn Bedarf besteht. Durch die Entwicklung von Präparaten mit sehr geringer Hormonkonzentration konnte die Nebenwirkungsrate insgesamt jedoch erheblich reduziert werden. Allerdings wird zur Zeit erneut die Möglichkeit einer geringgradigen Erhöhung des Krebsrisikos, insbesondere des Brustkrebsrisikos diskutiert, das sich bei regelmäßigem Alkoholkonsum offenbar verstärken kann.

Anwendungsempfehlung:

Geeignet für gesunde, voll entwickelte Frauen, die Hormonpräparate gut vertragen und eine Schwangerschaft unbedingt vermeiden wollen oder müssen. Die Ersteinnahme sollte frühestens zwei bis drei Jahre nach der ersten Periode erfolgen.

Dreimonatsspritze

Beschreibung:

Alle zwei bis drei Monate wird eine Dosis mit Gestagen oder einem in der Wirkung vergleichbaren Hormon tief in den Gesäßmuskel gespritzt.

Sicherheit: Fast so gut wie die Pille

Gesundheitliche Beurteilung:

Im Prinzip gelten die gleichen Bedenken wie bei der Pille. Hinzu kommt, daß es bei regelmäßiger Anwendung zu einem völligen Ausbleiben der Regel kommt. Frauen, die später Kinder bekommen wollen, sollten diese Art der Verhütung eher nicht benutzen, da es unter Umständen lange dauern kann, bis sie wieder empfänglich sind. Darüberhinaus kommt es öfter zu Schmierblutungen.

Anwendungsempfehlung:

Sinnvoll für Frauen, bei denen eine regelmäßige Einnahme der Pille aus sozialen und/oder Intelligenz-Gründen nicht gewährleistet ist und eine Empfängnis sicher ausgeschlossenen werden soll (z.B. bei Frauen in Entwicklungsländern). Für Mädchen ist diese Methode keinesfalls geeignet.

Minipille

Beschreibung:

Die Minipille enthält im Gegensatz zur Pille keine Östrogene, sondern nur Gestagene in sehr niederer Dosierung. Auf diese Weise wird der Eisprung in der Regel nicht gehemmt. Eine empfängnisverhütende Wirkung wird dadurch erzielt, daß durch Veränderungen des Sekretes des Gebärmutterhalses die Spermien am Eindringen gehindert werden. Möglicherweise nimmt sie auch Einfluß auf die Beweglichkeit der Eileiter.

Sicherheit:

Die Schwangerschaftsrate liegt deutlich höher als bei der konventionellen Pille, was in erster Linie daran liegt, daß die Einnahmeintervalle sehr genau eingehalten werden müssen. Unter der Voraussetzung hoher individueller Zuverlässigkeit kann auch die Minipille zu den sicheren Verhütungsmethoden gerechnet werden.

Gesundheitliche Beurteilung:

Der Eingriff in den Hormonhaushalt ist wesentlich geringer, als bei der herkömmlichen Pille, da gar kein Östrogen und nur sehr wenig Gestagen zugeführt wird. Erstaunlicherweise ist allerdings der Östrogenspiegel unter der Einnahme der Minipille dennoch nicht selten erhöht. Problematisch ist außerdem, daß es häufig zu Zyklusunregelmäßigkeiten (Schmierblutungen, Menstruationshemmung etc.) kommt. Auch die Minipille muß vom Arzt verschrieben werden und es ist ratsam, gynäkologischen Rat einzuholen, bevor man sich zur Einnahme entschließt.

Anwendungsempfehlung:

Die Minipille ist die einzige Pille, die auch für junge Mädchen geeignet ist, sofern eine regelmäßige Einnahme gewährleistet werden kann. Außerdem kann sie u. U. Frauen empfohlen werden, bei denen die Pille, z.B. wegen erhöhten Thromboserisikos, kontraindiziert ist.

"Morgen-danach-Pille"

Beschreibung:

Diese Hormonpräparate kann man sich vom Arzt noch nach dem ungeschützten Geschlechtsverkehr verschreiben lassen. Die heute gebräuchlichen Formen bestehen aus Östrogen und Gestagen in relativ hoher Dosierung. Sie verhindern die Einnistung der befruchteten Eizelle in die Gebärmutter (vgl. dazu Intrauterinpessar). Im weiten Sinne gehört zu den "Morgen-danach-Pillen" auch die bei uns nun doch nicht zugelassene sogenannte "Abtreibungspille" RU 486.

Sicherheit:

Wird die "Pille danach" innerhalb von 48 Stunden nach dem Geschlechtsverkehr eingenommen, so ist die Sicherheit hoch.

Gesundheitliche Beurteilung:

Sehr häufig kommt es nach der Einnahme zu Übelkeit und Erbrechen. Wenn letzteres innerhalb von 2 Stunden nach der letzten Einnahme auftritt, sollte eine weitere Pille verabreicht werden. Bei bekanntem Thromboserisiko ist Vorsicht geboten.

Anwendungsempfehlung:

Frauen, die eine Schwangerschaft um jeden Preis verhindern wollen oder müssen, können bis 48 Stunden nach dem Verkehr zu dieser Methode greifen, vorausgesetzt, daß kein ungeschützter Geschlechtsverkehr zu einem früheren Zeitpunkt erfolgte und daß im selben Zyklus nicht schon einmal die "Pille danach" angewendet wurde.

Mechanische Verhütungsmittel für die Frau:

Intrauterinpessar ("Spirale")

Beschreibung:

T-förmiger oder schlangenförmiger Gegenstand aus Kupfer oder Plastik, der vom Frauenarzt in die Gebärmutter eingebracht wird und dort längere Zeit verbleibt. Die Spirale verhindert zwar nicht die Befruchtung, aber die Einnistung des Eies in der Gebärmutterschleimhaut.

Sicherheit:

Sehr sicher, wenngleich etwas weniger zuverlässig als hormonelle Verhütungsmittel. Insbesondere verhindert der Intrauterinpessar keine Schwangerschaft an unnatürlichen Orten (Eileiter, Bauch usw.)! Nicht so gut geeignet ist diese Verhütungsmethode für jüngere Frauen, da es bei diesen häufiger zur Ausstoßung und in der Phase der hohen Empfänglichkeit in manchen Fällen doch zur Schwangerschaft kommen kann.

Gesundheitliche Beurteilung:

Relativ häufig treten vermehrte Entzündungen im Unterleib auf. Weitere Nebenwirkungen sind Zwischenblutungen und Schmerzen, sowie verstärkte und eventuell schmerzhafte Regelblutungen. Daneben sind einige Gegenanzeigen zu beachten, über die der Arzt selbstverständlich vor dem Einlegen einer Spirale informiert und berät.

Anwendungsempfehlung:

Geeignet für Frauen, deren Empfängnisbereitschaft aus Altersgründen schon abnimmt (ca. über 35 Jahren), die mindestens

bereits eine Geburt hatten, und für Frauen, die keine Ovulationshemmer (Pille) vertragen oder einnehmen wollen.
Da die Spirale eine Einnistung der bereits befruchteten Eizelle verhindert, wird vereinzelt die Ansicht vertreten, daß es sich dabei schon um eine Art Abtreibung handelt. Der Abgang der befruchteten Eizelle geschieht allerdings schon in einem Stadium, in dem nur sehr wenige Zellteilungen stattgefunden haben. Wie immer bleibt die Entscheidung für oder gegen diese Methode natürlich jedem selbst überlassen.

Scheidendiaphragma

Beschreibung:

Hierbei handelt es sich um eine gewölbte Gummischeibe, in deren Rand eine elastische Feder eingelassen ist. Das Diaphragma wird vor dem Geschlechtsverkehr in die Scheide eingeführt und verschließt so den Muttermund großflächig. Diese "Abdichtung" ist zwar nicht ganz undurchlässig, aber die Samen müssen einen längeren Weg zur Gebärmutter durch das für sie ungünstige Scheidenmilieu zurücklegen, wodurch sie meistens absterben.

Sicherheit:

Das Diaphragma besitzt bei korrektem Sitz eine akzeptable Sicherheit. Diese sinkt bei ungenauer Anwendung jedoch beträchtlich ab. In Verbindung mit samenabtötenden Cremes usw. (siehe unten) steigt der Sicherheitsgrad noch erheblich. Das Diaphragma darf höchstens sechs Stunden vor dem Geschlechtsverkehr eingeführt werden und sollte mindestens sechs Stunden danach in der Scheide verbleiben. Ein Diaphragma muß zunächst durch den Frauenarzt angepaßt und von Zeit zu Zeit kontrolliert werden, besonders nach dem ersten Geschlechtsverkehr, Geburten, Unterleibsoperationen und Gewichtsveränderungen.

Gesundheitliche Beurteilung:

Gut verträglich, bei zu langem Einlegevorgang steigt allerdings die Gefahr einer aufsteigenden Entzündung. Es sollte nur 24 Stunden in der Scheide verbleiben.

Anwendungsempfehlung:

Geeignet für Frauen/Paare mit guter Selbstdisziplin, die das Diaphragma nicht als störend beim Geschlechtsverkehr empfinden. Das Einlegen sollte sicher beherrscht werden.

Portiokappe

Beschreibung:

Diese Plastik- oder Latexkappe wird über den Muttermund gestülpt und ist kleiner als das Diaphragma. Die Portiokappe verhindert das Eindringen von Samen in den Muttermund. Je nach Modell kann die Portiokappe bis zum Auftreten der Regelblutung über dem Muttermund bleiben und muß vom Frauenarzt eingesetzt und wieder entfernt werden. Andere Produkte entsprechen in ihrer Anwendung dem Diaphragma.

Sicherheit:

Die Sicherheit ist akzeptabel und entspricht in etwa dem Diaphragma oder dem Kondom.

Gesundheitliche Beurteilung:

Im Allgemein gut verträglich. Gegenanzeigen sind Entzündungen und Einrisse am Muttermund.

Anwendungsempfehlung:

Geeignet für Frauen mit guter Selbstdisziplin, die häufige Gänge zum Frauenarzt nicht als lästig empfinden.

Mechanische Verhütungsmittel für den Mann:

Kondom (Präservativ, "Pariser")

Beschreibung:

Durch diesen schlauchförmigen Gummischutz, der vor dem Geschlechtsverkehr über den Penis gezogen wird, wird ein Samenerguß in die Scheide verhindert. Erhältlich ist dieses Produkt an Automaten, in Drogerien, Apotheken, Versandhäusern

Sicherheit:

Bei Verwendung von Markenpräparaten, möglichst aus deutscher Herstellung, akzeptabel. Zusätzliche Sicherheit bieten Kondome, die lichtgeschützt abgepackt und mit einer Prüfnummer versehen sind und darüberhinaus ein Reservoir besitzen. Die "Stiftung Warentest" prüft von Zeit zu Zeit die Qualität der angebotenen Präservative. Die Testergebnisse werden in der Zeitschrift "Test" veröffentlicht.

Viele Männer benutzen eine überproportionierte Größe, die den Schutz deutlich verringern kann, da die Gefahr des Verrutschens größer ist. Manche Kondome enthalten zusätzlich samenabtötende Substanzen. Ein weiterer Vorteil ist der gleichzeitige Schutz vor Geschlechtskrankheiten, insbesondere vor einer Hepatitis B- oder einer HIV-Infektion (AIDS). Versager beruhen auf Defekten, Reißen oder Abgleiten vom Penis. Bei Anwendung spermizider Cremes erhöht sich die Sicherheit.

Gesundheitliche Beurteilung:

Meist unproblematisch, gelegentlich Schmerzen im Geschlechtsverkehr durch unnatürlich rauhe Oberfläche.

Anwendungsempfehlung:

Geeignet für Paare, welche die etwas aufwendige Anwendung in einer gefühlsbetonten Situation nicht als störend empfinden. Zwingend erforderlich für Geschlechtspartner, die nicht sicher ausschließen können, mit AIDS oder Hepatitis infiziert zu sein (s. Kapitel AIDS in diesem Anhang).

Chemische Verhütungsmittel:

Samen-abtötende Cremes, Sprays, Tabletten und Zäpfchen

Beschreibung:

Chemische Verhütungsmittel müssen direkt vor dem Geschlechtsverkehr in die Scheide eingeführt werden. Sie sind in Apotheken, Drogerien und Versandhäusern erhältlich.

Sicherheit:

Wesentlich geringere Sicherheit als mechanische Verhütungsmittel. Die auf dem Beipack-Zettel gemachten Angaben, insbesondere über die Zeitspanne zwischen Einführen der Verhütungsmittel und dem Geschlechtsverkehr sollten unbedingt beachtet werden. Trotzdem sind sie als alleiniger Schutz nicht ausreichend. In Kombination mit mechanischen Verhütungsmitteln verbessert sich die Sicherheit.

Gesundheitliche Beurteilung:

Meist unproblematisch. Allerdings können allergische Reaktionen der Scheidenschleimhaut ein Problem darstellen. Chemische Verhütungsmittel können bei regelmäßiger Anwendung auch einen gewissen Schutz vor einigen Infektionen und Geschlechtskrankheiten (manche Bakterien und Pilze) bieten. Für AIDS und Hepatitis gilt dies jedoch nicht.

Anwendungsempfehlung:

Als alleiniges Mittel für niemanden geeignet, der eine Schwangerschaft sicher verhindern will oder muß. In Kombination mit mechanischen Verhütungsmitteln jedoch durchaus geeignet für Paare, welche die vielen Vorbereitungen vor dem Geschlechtsverkehr nicht scheuen.

Sterilisation:

Frau

Beschreibung:

Es gibt verschiedene operative Eingriffe, die zur Sterilisation führen: Die Durchtrennung oder Unterbindung der Eileiter über einen Schnitt in die Bauchdecke, die Unterbindung der Eileiter über die Scheide, Elektrobehandlung der Eileiter über einen Bauchschnitt und die Entfernung der gesamten Gebärmutter.

Sicherheit:

Die Sicherheit ist mit nahezu 100 % außerordentlich hoch.

Gesundheitliche Beurteilung:

In dieser Sicherheit und der Irreversibilität der Methode liegt gerade das Problem. Denn abgesehen von den gesundheitlichen Risiken durch den operativen Eingriff und die eventuell notwendige Vollnarkose, steht die psychische Belastung, die oft auch die Harmonie der Partnerschaft stört, im Vordergrund. Vor einer endgültigen Entscheidung sollte man deshalb nicht nur gynäkologischen, sondern auch psychiatrischen Rat einholen. Wichtig ist außerdem, die Möglichkeit unerwarteter Änderungen der Lebenssituation (Scheidung, Tod eines Partners oder eines Kindes) zu berücksichtigen.

Anwendungsempfehlung:

In Anbetracht der absoluten Irreversibilität des Eingriffs und der Unkalkulierbarkeit der psychischen Folgen ist diese Methode nur Frauen zu empfehlen, bei denen eine ungewollte Empfängnis noch größere Risiken bergen würde (z.B. nach 2-maligem Kaiserschnitt, bei schwerer chronischer Erkrankung oder genetischer Belastung eines der Partner und in höherem Lebensalter) oder deren soziale Lebensumstände eine Schwangerschaft langfristig verbieten.

Mann

Beschreibung:

Aus jedem der beiden Samenleiter wird ein Segment entnommen.

Sicherheit:

Prinzipiell ist diese Methode zwar ebenfalls nicht reversibel und sehr sicher. Es muß aber beachtet werden, daß oft noch mehr als 2 Monate nach dem Eingriff befruchtungsfähige Spermien nachgewiesen werden.

Gesundheitliche Beurteilung:

Da nur eine lokale Narkose für diesen unkomplizierten und komplikationsarmen Eingriff notwendig ist, stehen die gesundheitlichen Bedenken nicht im Vordergrund. Oft stellt die Operation aber durch das Gefühl, nicht mehr "fruchtbar" zu sein, eine hohe psychische Belastung dar, die häufig unterschätzt wird.

Anwendungsempfehlung:

Es gelten dieselben Bedenken und Einwände wie bei der Sterilisation der Frau. Den geringeren operativen stehen nicht selten noch schwerere psychische Komplikationen entgegen. Für gesunde junge Männer keinesfalls empfehlenswert.

Wahl der Verhütungsmethode

Die Wahl des individuell günstigsten Verhütungsmittels ist sicherlich oft nicht einfach. Einige Punkte müssen bedacht und vielleicht am besten in einer Art Positiv/Negativ-Liste festgehalten werden. Wichtige Fragen, die in die Überlegungen mit einbezogen werden müssen, sind:

1) Körperlicher Entwicklungsstand?
2) Periode regelmäßig oder unregelmäßig?
3) Lebenstil geregelt oder eher unstet ?
4) Häufigkeit des Geschlechtsverkehrs?
5) Häufig wechselnde Sexualpartner?
6) Kinder im Falle einer Empfängnis akzeptabel?
7) Gegenanzeigen für einige Verhütungsmittel?
8) Fähigkeit zur Selbstdisziplin in gefühlsbetonten Situationen?
9) Gesundheitliche Bedenken?

Im Allgemeinen sind Verhütungsmittel, die nicht in den Hormonhaushalt eingreifen, natürlich empfehlenswerter, insbesondere die Symptothermale Methode. Allerdings setzen diese Verhütungsmittel eine regelmäßige Periode und eine zeitweise Abstinenz voraus. Für Mädchen sind diese Mittel also meistens nicht besonders geeignet, da die Periode noch nicht stabil ist, die erforderliche hohe Selbstdisziplin kaum erwartet werden kann und eine ungewollte Schwangerschaft in jungem Alter gravierende soziale Folgen hätte. Auch für Frauen mit unregelmäßigem Tagesablauf ist zumindest die Temperaturmethode nicht unbedingt sicher genug.

Für mechanische Verhütungsmittel spricht die geringe Invasivität und der mögliche Schutz vor Geschlechtskrankheit, ein Aspekt, der bei häufigen Partnerwechseln zu bedenken ist. Allerdings müssen die Partner in der Lage sein, in emotionsbetonten Situationen entsprechend beherrscht vorzugehen, eine Anforderung, der gerade unerfahrene Paare eventuell nicht gerecht werden können.

Bei einer voll ausgereiften jüngeren Frau, die eine Empfängnis auf jeden Fall vermeiden will, spricht sicherlich nichts gegen die Einnahme eines Hormon-Präparates. Bedingung ist allerdings, daß das Präparat der Frau angepaßt ist, gut vertragen wird, regelmäßige gynäkologische Kontrolluntersuchungen gewährleistet sind und keine gesundheitlichen Gründe entgegenstehen.

Für ein nicht ausgereiftes Mädchen und ihren Partner sind mechanische Verhütungsmittel wohl die beste Methode. Hier würde sich ein Kondom anbieten, am besten in Kombination mit der symptothermalen Methode, was allerdings periodische Abstinenz voraussetzen würde. Die Wahl des Kondoms hätte auch den Vorteil, die ersten Erfahrungen nicht gleich mit einer eventuell schwerwiegenden Geschlechtskrankheit zu verbinden.

Unerläßlich bei häufig wechselnden Partnern ist in der heutigen Zeit in jedem Fall die Benutzung eines Kondoms zum Schutz vor Infektionen, ganz gleich, welche Verhütungsmittel zusätzlich noch verwendet werden.

Die Entscheidung für die persönlich richtige Verhütungsmethode muß allerdings sorgfältig und möglichst in beiderseitigem Einvernehmen getroffen werden. Allgemeine Empfehlungen gibt es nicht!

A I D S

Über den Ursprung des AIDS-Erregers HIV (=human immune deficiency virus = menschliches Immunschwächevirus) ist viel spekuliert worden und z.T. liest sich die Geschichte der "Entdeckung" der Erkrankung AIDS sehr spannend. Eine umfassende Darstellung würde aber sicherlich den Rahmen dieses Kapitels sprengen. Für Eltern und Erzieher ist es letztendlich auch gleichgültig, ob das Virus vom Affen abstammt, ob er schon jahrzehntelang in kleinen afrikanischen Gemeinschaften existiert hat und durch verstärkte Mobilität zum weltweiten Problem geworden ist oder welcher geheimnisvolle Ursprung dieser Krankheit sonst zugrunde liegt. Selbst dumme Vermutungen und schadenfrohe Verallgemeinerungen (Schwulenpest, Strafe Gottes etc.) sind im Endeffekt nicht relevant, da die Infektion längst die klassischen Risikogruppen verlassen hat und zwischenzeitlich weite Teile der Weltbevölkerung bedroht. Man muß derzeit von ca. 30 Millionen Infizierten ausgehen! Der Begriff "Risikogruppe" hat sich deshalb überholt und dem Begriff "Risikoverhalten" Platz gemacht. Und eben dieses "Risikoverhalten" ist es, worüber der Erziehende Bescheid wissen sollte, um beim Jugendlichen gezielt ein Risikobewußtsein zu entwickeln. Denn nur über rationale Einsicht kann er den Gefährdeten dazu bringen, Ansteckungsmöglichkeiten bewußt zu reduzieren.

Wir wollen auf den folgenden Seiten darlegen, warum eine weitmögliche Ausschaltung des Ansteckungsrisikos auch heute, ca. 20 Jahre nach dem Bekannt- und Bewußtwerden von AIDS als gefährlicher übertragbarer Krankheit, der einzige relativ zuverlässige Schutz vor einer todbringenden Infektion ist und welche schützenden Maßnahmen sinnvoll sind.

Was ist AIDS?

Um sich wirksam vor einer Sache schützen zu können, ist es unerläßlich, diesselbe erst einmal zu kennen, zu wissen, wovor man sich da eigentlich in acht nehmen soll. Solange die drohende Gefahr abstrakt und unverständlich bleibt, ist ein einsichtiges Verhalten sicher nicht möglich. Deshalb wollen wir an dieser Stelle kurz auf die Frage eingehen, was man sich unter einer HIV-Infektion bzw. unter der Erkrankung AIDS überhaupt vorzustellen hat.

Heutzutage weiß fast jeder, daß AIDS für "Acquired immune deficiency syndrome" = "Erworbendes Immunschwächesyndrom) steht". Wie der Name schon sagt, handelt es sich dabei um eine Schädigung des Abwehrsystems, die eine Infektion mit bestimmten Erregern und Anfälligkeit gegen bestimmte Erkrankungen begünstig und auf diesem Wege schließlich den Tod bringt. Sehr wichtig ist dabei die Unterscheidung zwischen der eigentlichen Erkrankung, dem Endstadium "AIDS" und der Infektion mit dem HI-Virus, die über Jahre symptomlos bleiben kann und nicht als AIDS bezeichnet werden darf.

Der **Verlauf der Infektion** ist sehr unterschiedlich: Bei einem Teil der Patienten tritt 6 bis 8 Wochen nach der Infektion ein Krankheitsbild ähnlich dem Pfeiffer'schen Drüsenfieber (Infektiöse Mononukleose) mit Lymphknotenschwellung und Fieber über Tage bis Wochen auf. Die Symptomatik bildet sich in aller Regel wieder zurück. Man spricht auch von "**Akuter HIV-Krankheit**". Vier Wochen bis drei Monate (selten auch bis sechs) nach der Infektion ist mit dem Auftreten von **Antikörpern im Blutserum** zu rechnen (HIV-Test positiv). Weitere Monate bis Jahre später kommt es bei ungefähr 40 Prozent der Infizierten zum **Lymphadenopathiesyndrom (LAS).** Dabei handelt es sich um eine schmerzlose Lymphknotenschwellung am ganzen Körper, v.a. am Hals, unter der Achsel und in der Schlüsselbeinregion, die definitionsgemäß länger als 3 Monate bestehen muß. Diese Symptome bilden sich in der Regel nicht mehr zurück. Wann es schließlich zum Auftreten AIDS-typischer Komplikationen kommt, ist nicht sicher vorhersehbar: Bei Erwachsenen in Industrienationen tritt AIDS im Mittel zehn (plus/minus zwei) Jahre nach der Infektion auf.

Ein Zeichen für den Beginn eines fortgeschrittenen Stadiums der Infektion kann sowohl das Auftreten **unspezifischer Allgemeinsymptome,** wie anhaltendes Fieber, Gewichtsverlust, Nachtschweiß, allgemeine Leistungsschwäche etc., als auch die Entwicklung bestimmter Infektionen sein, die als **AIDS-typisch** betrachtet werden. Dazu gehört z.B. eine Pilzerkrankung des Mund- und Rachenraumes, eine ausgedehnte Gürtelrose oder auch eine Tuberkulose. Von **AIDS** spricht man eigentlich nur im letzten Stadium, das sich durch das Auftreten sog. **AIDS-definierender** und schließlich todbringender Erkrankungen auszeichnet. Dazu zählen im Wesentlichen **Infektionen mit opportunistischen Erregern**, die beim Immungesunden keinen Schaden anrichten. An erster Stelle steht hier die durch den Erreger Pneumocystis carinii verursachte Lungenentzündung. Zum anderen gehören ganz bestimmte Krebs- und andere **den abwehrgeschwächten Gesamtorganismus betreffende Systemerkrankungen** zum Vollbild von AIDS; allen voran das Kaposi-Sarkom, ein Hautkrebs, der aber auch auf innere Organe übergreifen kann.

Trotz neuer Therapieansätze haben sich die Erwartungen leider nicht in erhofftem Maße erfüllt: AIDS ist bis heute nicht heilbar! Das bedeutet, daß die Erkrankung früher oder später tödlich verläuft. Durch die Kombination verschiedener gegen das Virus wirkender Medikamente, sowie eine gezielte antibiotische Vorbeugung bzw. Behandlung bei bestimmten Infektionen ist zwar eine deutliche Verlängerung der Lebenserwartung möglich, das "bittere" Ende ist damit aber leider nicht mehr abzuwenden. Auch die Aussichten auf einen wirksamen Impfstoff sind entgegen anderslautender Pressemitteilungen äußerst unsicher.

Übertragungswege und Schutz

Insgesamt sind 4 Übertragungswege des HI-Virus bekannt:

1) über Sexualkontakte
2) über Blut bzw. Blutprodukte
3) während der Schwangerschaft von der Mutter auf das heranwachsende Kind
4) über die Muttermilch

Um unnötiger Hysterie vorzubeugen, ist es sehr wichtig, sich und auch seinen Kindern klarzumachen, daß sich wirklich, trotz zahlreicher Untersuchungen, kein Hinweis auf weitere Infektionsmöglichkeiten fand. HIV wird weder im täglichen Umgang (Anhusten, Händeschütteln, Trinken aus demselben Glas etc.) noch durch Mückenstiche übertragen und – im Hinblick auf die hier behandelte Problematik ebenfalls wichtig – HIV wird auch nicht durch Küssen, Streicheln, auch der Geschlechtsorgane (Petting) usw. übertragen.

Gemäß dem Thema des Buches wollen wir uns hier auf den ersten genannten Übertragungsweg, der gleichzeitig auch der häufigste ist, konzentrieren:

AIDS-Übertragung durch Sexualkontakt

Zunächst einige allgemeine Überlegungen: Obwohl es natürlich für jeden Vernunftbegabten auf der Hand liegt, daß das Infektionsrisiko mit der Zahl möglicher Infektionsquellen (sprich: Sexualpartner) steigt, lehrt die Medizingeschichte, daß die Angst vor Geschlechtskrankheiten nicht am Ausleben der Sexualität hindert. Im speziellen Falle von AIDS - in den Medien viel diskutiert - kommt hinzu, daß die meisten wissen: Nicht jeder Kontakt mit dem HI-Virus führt zur Infektion. Wovon die Empfänglichkeit abhängt, ist weitgehend unbekannt. Selbst bei längerdauernder intimer Partnerschaft mit einem (klinisch noch gesunden) HIV-Infizierten kommt es nur in ca. 20 Prozent der Fälle zur Infektion, bei Kontakt mit einem bereits an AIDS Erkrankten allerdings in mehr als 50 Prozent der Fälle. Gerade das Wissen um diese relative Unwahrscheinlichkeit einer Infektion führt jedoch häufig zu nachlässigem Verhalten. Gegen diese Sorglosigkeit hilft nur, sich und seinen heranwachsenden Kindern immer wieder vor Augen zu führen: Eine Infektion ist "todsicher" tödlich.

Man muß sich als Erziehender außerdem darüber im Klaren sein, daß abgesehen von ausgesprochenen Risikogruppen, wie Homosexuellen, Drogenabhängigen und Prostituierten, Jugendliche zwischen 14 und 20 Jahren die am meisten gefährdete Gruppe darstellen. Zum großen Teil liegt dies an unzulänglicher Aufklärung, aber auch am unerfahrenen Umgang mit Kondomen und natürlich an der intensiven Phase des Suchens und des damit oft verbundenen häufigen Wechsels bis zum Finden eines geeigneten Partners. Innerhalb dieser Gruppe ist das Risiko für heterosexuelle Mädchen bzw. Frauen größer als für heterosexuelle Männer. Außerdem erhöht das Vorliegen einer anderen Geschlechtskrankheit (z.B. Gonorrhoe) das Infektionsrisiko erheblich. In dieser Zeit der Partnersuche kann theoretisch jeder "Testkandidat" HIV-Infiziert sein. Gerade bei den ersten Kontakten ist Kondomgebrauch deshalb dringend zu empfehlen. Zwar ist es richtig, daß Kondome keinen hundertprozentigen Schutz vor einer Infektion bieten, sie können z.B. reißen, was besonders oft bei Analverkehr vorkommt, oder einfach undicht sein, was häufiger ist. Da es beträchtliche Qualitätsunterschiede gibt, empfiehlt es sich, sich z.B. bei der Stiftung Warentest (Zeitschrift "Test") zu informieren und dem Heranwachsenden das am besten beurteilte Produkt zur Verfügung zu stellen. Einige allgemeine Tips sind beim Kauf eines möglichst sicheren Präservativs prinzipiell zu beachten: Nie sollten z.B. No-name-Produkte ohne Genehmigungsnummer benutzt werden. Auch Scherzartikel und Übergrößen gelten als weniger zuverlässig. Vorsicht ist außerdem geboten bei fehlender oder durchsichtiger Verpackung, da Latex, das Herstellungsmaterial, durch Licht beschädigt wird. Die gleichzeitige Benutzung fetthaltiger Salben oder Zäpfchen kann den Schutz ebenfalls beeinträchtigen. Obwohl von einer vierjährigen Haltbarkeit ausgegangen wird, sollte der unbenutzte Vorrat spätestens nach einem Jahr in den Mülleimer wandern. Da seit Jahren eine deutsche Norm (DIN) der Qualitätskontrolle dient, ist einheimischen Produkten bis heute in jedem Falle der Vorzug zu geben. Zwar ist durch Kondom-Gebrauch das HIV-Problem nicht mit hundertprozentiger Sicherheit gelöst, bei sachgemäßer Anwendung eines hochwertigen Produktes ist die Infektionswahrscheinlichkeit jedoch außerordentlich gering.

Natürlich stellt sich an dieser Stelle auch das Problem, daß ein einseitiges Drängen auf Kondomgebrauch theoretisch als unbegründetes Mißtrauen verstanden werden und eine gerade im Entstehen begriffene Partnerschaft auf diese Weise belasten könnte. Dieser Sorge muß aber klar entgegen gehalten werden, daß blindes Vertrauen am Anfang einer Beziehung einfach fehl am Platze ist und von keinem der Partner gefordert werden darf. Um jemandem wirklich vertrauen zu können, muß man ihn sehr gut kennen, und dazu reicht in unserer doch recht freizügigen Gesellschaft die relativ kurze Zeit zwischen Kennenlernen und dem ersten

Sexualkontakt in der Regel nicht aus. Hinzu kommt, daß man nicht unbedingt von einer Infektion wissen muß. Und schließlich sind die Schutzmaßnahmen ja meist für beide Seiten von Vorteil. Zur Einschätzung des Risikos sind folgende Fragen aus der Vorgeschichte der Partner besonders wichtig:

War oder ist der Partner abhängig von intravenösen Drogen ? Ist der männliche Partner vielleicht bisexuell? Hatte der Partner sexuelle Kontakte zu einer Person mit entsprechendem Risikoverhalten? Ist der Partner Bluter oder hat aus einem anderen Grund früher Blutkonserven erhalten? Die positive Antwort auf eine dieser Fragen reicht aus, begründeten Zweifel aufkommen zu lassen und auf einem HIV-Test zu bestehen. Erweist sich dagegen das Vorleben beider Partner als nicht risikobehaftet, ist die Möglichkeit einer HIV-Infektion zwar nicht ausgeschlossen, nach derzeitigem Wissen aber eher gering. Die meisten Paare werden auch bei einer sich abzeichnenden dauerhaften Bindung im Laufe der Zeit die Kondome, falls sie nicht zusätzlich noch zur Geburtenregelung eingesetzt werden, beiseite legen. Zuvor ist ein gemeinsamer HIV-Test zur endgültigen Beruhigung dennoch ratsam.

Warum gibt es noch immer keine Impfung?

Seit Jahren arbeiten zahlreiche große Arbeitsgruppen an der Entwicklung von Impfstoffen gegen eine HIV-Infektion. Diese geben immer wieder Anlaß zu hoffnungserweckenden Sensationsmeldungen in der Regenbogenpresse, genährt von voreiligen Wissenschaftlern, die den Impfstoff gefunden zu haben glauben, der alle schützt. Dem Laien mag es ja auch kaum faßbar erscheinen, warum zwar am laufenden Band neue Impfstoffe entwickelt werden, die Herstellung einer Impfung gegen AIDS die Wissenschaft aber vor unüberwindbare Hürden zu stellen scheint.

Die Schwierigkeiten liegen einerseits im Aufbau des Virus selbst, andererseits in methodischen Problemen. Kurz gesagt besitzt es mehrere Eigenschaften, die es schwierig machen, einen Impfstoff zu entwickeln. Einerseits verbirgt es sich unzugänglich für das Immunsystem in menschlichen Zellen, u. a. in jenen, die es bekämpfen sollten, andererseits kann es seine Oberfläche laufend ändern, so daß es vom Abwehrsystem nicht mehr erkannt wird.

Große Schwierigkeiten bereiten den Wissenschaftlern, die vorwiegend mit ganzen, aber toten Viren arbeiten, daß das Virus Erbinformationen hat, die beim Menschen Krebs erzeugen können. Diese müßten natürlich unbedingt aus einem eventuellen Impfstoff entfernt werden. Benutzt man nur Teile, z.B. der Oberfläche des Virus, so ist in bisherigen Untersuchungen kein ausreichender Schutz beobachtet worden.

Zwar geht ein Impfstoff aus Eiweiß der Virushülle jetzt in den USA und in Thailand in die klinische Erprobung, die meisten Experten erwarten jedoch keinen nennenswerten Schutzeffekt. Abschließende Ergebnisse hierzu sollen erst in drei Jahren vorliegen.

Eine mögliche Chance stellen wohl Impfstoffe aus Erbsubstanz (DNS) dar; die Entwicklung steckt aber noch in den Kinderschuhen. Die Risiken eines ebenfalls diskutierten abgeschwächten Lebendimpstoffes aus HI-Viren liegen auf der Hand.

So ist zusammenfassend ein funktionsfähiger, in größeren Mengen zur Verfügung stehender Impfstoff in den nächsten Jahren eher unwahrscheinlich und die Hoffnung darauf weiterhin unberechtigt. Im Rahmen der Sexualerziehung von Kindern darf deshalb die Hoffnung auf einen Impfstoff keine Rolle spielen.

AIDS-Therapie

Die Entwicklung von Medikamenten gegen eine HIV-Infektion bildet einen großen, geld- und ruhmversprechenden Markt. Aus diesem Grund arbeiten weite Kreise in Industrie und Wissenschaft mit enormem Aufwand an der Entwicklung von Substanzen zur AIDS-Bekämpfung. Dabei sind viele Medikamente auf den Markt gekommen, die sehr gezielt gegen das Virus wirken, in der Praxis aber leider starke Nebenwirkungen und auf Dauer auch einen Wirkverlust zeigen. Trotz der vielversprechenden Entwicklung einer neuen Substanzgruppe, die mit den bisher eingesetzten Präparaten kombiniert wird, um Resistenzentwicklungen vorzubeugen, können die vorhandenen Medikamente zwar eine deutliche Verlängerung der Lebenserwartung, aber keine Heilung bewirken. Die Probleme sind bei der Entwicklung von Therapeutika ähnlich komplex, wie bei der Suche nach einem Impfstoff. Somit besteht in absehbarer Zeit keine Hoffnung auf Möglichkeiten zur Heilung. Verantwortungsvolle Erziehung heißt deshalb, nicht mit dieser Möglichkeit zu rechnen, sondern dem Jugendlichen die Notwendigkeit infektionsverhindernder Maßnahmen zu verdeutlichen.

Verhalten nach möglicher Infektion

Die Infektionswahrscheinlichkeit eines einzelnen ungeschützten sexuellen Kontaktes mit einem Infizierten liegt unter einem Prozent. Besteht nach einem sexuellen Kontakt aus rationalen oder irrationalen Gründen der Verdacht auf eine Infektion, ist die Empfehlung eines HIV-Tests sofort (um Ausschluß einer bereits vorher bestehenden Infektion), nach sechs Wochen und nach drei Monaten sinnvoll. Fällt auch der letzte Test negativ aus, kann aufgeatmet werden. In sehr seltenen Fällen kann es zwar auch noch nach 3 Monaten zu einer sog. Serokonversion, d.h. im Blut nachweisbaren Antikörpern kommen, die Wahrscheinlichkeit, sich bei einem einmaligen Kontakt infiziert (<1%) und außerdem eine extrem lange Inkubationszeit zu haben, ist jedoch zusammen kleiner als 1 Promille. Auf ausdrücklichen Wunsch kann der Test aber natürlich auch nach 6 Monaten nochmals wiederholt werden.

Prinzipiell besteht nach Intimkontakt mit einer infizierten Person auch die Möglichkeit einer medikamentösen Soforttherapie über vier Wochen zur Senkung des Infektionsrisikos. Im konkreten Fall sollte man sich an eine entsprechend spezialisierte Institution wenden.

HIV-Tests

Bei HIV-Verdacht wird, sofern der Betroffene eine HIV-Testung wünscht, bzw. mit einem Test einverstanden ist, als erstes der relativ einfache und deshalb billige **HIV-ELISA** eingesetzt. Ist das Testergebniss positiv (Antikörper nachweisbar), so ist dies kein Beweis, sondern nur ein Hinweis auf eine HIV-Infektion, wobei hier "positiv" für den Betroffenen eigentlich sehr "negativ" bedeutet. Deshalb folgt auf ein positives Ergebnis immer noch ein Bestätigungstest, der sog. **Western-Blot**. Ist dieser positiv, so kann von einer Infektion ausgegangen werden. Bei begründetem Verdacht auf eine frische Infektion, z.B. aufgrund entsprechender Symptome, können Virus bzw. Virusbestandteile auch direkt nachgewiesen werden. Die hierzu notwendigen teuren und aufwendigen Verfahren stellen keine Routinemethode dar. Ein Virusnachweis ist auf diese Weise schon kurz nach der Infektion möglich. Es kann der sehr viel aufwendigere und teurere **HIV-Antigen-Test** durchgeführt werden, der bereits 10 bis 14 Tage nach Beginn der akuten HIV-Krankheit positiv wird. Dagegen sind Antikörper im Western-Blot durchschnittlich erst nach 3 bis 4 Wochen, im ELISA nach 5 Wochen nachweisbar.

Bestätigt sich der Infektionsverdacht, muß heutzutage noch die "Viruslast", d.h. die quantitative Virusmenge zur Therapie und Verlaufskontrolle bestimmt werden.

Ein negativer HIV-Test wird 3 bis 6 Monate nach der vermuteten Infektion als definitiv negativ angesehen.

Konsequenzen für die Erziehung

Aufklärung ist schlecht, wenn sie Unrealisierbares verlangt. In dem banalisierenden Anspruch auf definitive Treue zum ersten auserkorenen Sexualpartner werden sich die meisten Menschen des ausgehenden 20. Jahrhunderts nicht wiedererkennen. Und auch die Forderung, nach dem Kennenlernen und dem Entschluß zum gemeinsamen HIV-Test erst einmal mehrere Monate Enthaltsamkeit zu üben, ist in unserer offenen Gesellschafts- und Erziehungsstruktur, wo Zwänge und Einschränkungen für Heranwachsende in der Regel nicht gerade zum täglichen Brot gehören, eher unrealistisch. Für den verantwortlich Erziehenden kommt es deshalb in erster Linie darauf an, umfassend und möglichst objektiv zu informieren, eine dauerhafte Partnerschaft immer als erstrebenswertes, schönes Ziel hervorzuheben und möglichst auch vorzuleben und durch Hervorrufen eines vernünftigen Risikobewußtseins beim Jugendlichen von selbst das Bedürfnis nach einer gewissen Sicherheit zu erzeugen. Wichtig ist dabei, nicht die persönliche Angst um das Kind in den Vordergrund zu stellen, jede Form von Sex als ungeheuer gefährliche Sache zu verteufeln und den Jugendlichen durch diese Abschreckung um möglicherweise schöne Erlebnisse zu bringen. Auch sollte man sein Kind nicht aus lauter Fürsorglichkeit an die Leine legen – mit solch strikten Maßnahmen bringt man erfahrungsgemäß niemanden zur Einsicht, sondern ruft eher Trotzreaktionen hervor. Und da hundertprozentige Kontrolle nie möglich ist, wird eher das Gegenteil des eigentlich Bezweckten erreicht. Außerdem muß man sich bei aller Sorge immer wieder vor Augen halten, daß nach wie vor die Wahrscheinlichkeit, bei einem Verkehrsunfall ums Leben zu kommen, für ein Kind in unserer Gesellschaft viel größer ist als eine HIV-Infektion. Trotzdem kommt niemand auf die Idee, seinem Kind den Stadtbummel oder das Fahrradfahren zu verbieten.

Wie bei allen Erziehungsfragen ist auch hier vor allem wichtig, mit Rat und Tat zur Seite zu stehen und eine Vertrauensbasis aufzubauen, um auch sich langfristig gewisse Möglichkeiten zur Einflußnahme auf das Verhalten des Kindes zu sichern. In der Praxis bedeutet dies, daß jederzeit die Bereitschaft zu klärenden Gesprächen signalisiert werden muß und daß gegebenenfalls die Thematik von elterlicher Seite aus aktiv aufgegriffen werden sollte – falsche Scheu ist hier fehl am Platz! Zu einer umfassenden Aufklärung gehört natürlich auch die Unterweisung im korrekten Gebrauch eines Präservativs, z. B. am Modell (z.B. Banane) und die Bereitstellung von Kondomen; dabei sollte wie bereits erwähnt, auf aktuelle Testurteile geachtet werden. Und wenn Ihnen Ihr Schamgefühl im Wege steht, oder Sie aus anderen Gründen der Ansicht sind, daß diese tatkräftige Unterstützung doch ein wenig weit geht, so kann Ihnen nur entgegengehalten werden: Es handelt sich um die natürlichste Sache der Welt und Sie können von Glück sagen, daß Sie selbst in der kritischen Phase erster sexueller Erfahrungen nicht mit derartig existentiellen Problemen zu kämpfen hatten.

"Klassische" Geschlechtskrankheiten:

Hinter dem AIDS-Problem tritt heute im Bewußtsein der Bevölkerung die Gefahr, die von anderen, schon immer bekannten Geschlechtskrankheiten ausgeht, zurück. Sehr zu unrecht, wie deutlich werden wird. Schließlich sollte auch berücksichtigt werden, daß alle die Schleimhaut betreffenden Geschlechtskrankheiten die HIV-Infektionsgefahr deutlich erhöhen.

Gonorrhoe/Tripper/Go:

Dies sind verschiedene Namen für die gleiche Krankheit, die durch Bakterien (Neisseria gonorrhoeae) meist beim Geschlechtsverkehr, nur selten durch Schmierinfektionen oder oralen Verkehr übertragen wird. Sie ist die häufigste Geschlechtskrankheit. Ein paar Tage nach der Infektion leiden die Patienten in der Regel unter Brennen beim Wasserlassen, eitrigem Ausfluß und Entzündung der Geschlechtsteile. Bei der Frau kann eine Infektion auch symptomlos verlaufen. Wird die Go nicht adäquat diagnostiziert und therapiert, kann sie zu schlimmen Entzündungen der inneren Geschlechtsorgane und Lymphknoten führen, selten auch zu Zeugungsunfähigkeit oder schweren Infektionen im Körper, wie Blutvergiftung, Hirnhaut- und Gelenkentzündung, sowie begleitend Herz und Leber schädigen. Da die Gonorrhoe mit Antibiotika gut behandelbar ist, sollte schnell ein Arzt aufgesucht werden.

Nicht-Gonorrhoeische-Harnwegsentzündungen:

Ähnliche Beschwerden wie bei der Go können auch durch andere Erreger (Chlamydien, Trichomonaden, andere Bakterien und Viren) hervorgerufen werden. Da auch diese gut zu behandeln sind, kann der Arzt schnell helfen, vorausgesetzt, daß kein falsches Schamgefühl dem Arztbesuch im Wege steht. Werden die Infektionen "verschleppt", so kann dies schlimme Folgen haben.

Syphilis/harter Schanker/Lues/Schaudin-Krankheit:

Sie ist zwar seltener aber noch gefährlicher als die obengenannten Geschlechtskrankheiten. Übertragen wird der Erreger, Treponema pallidum, ein schraubenförmiges Bakterium (Spirochäte), sowohl durch Geschlechtsverkehr, als auch – wenngleich seltener - durch engen Körperkontakt und Schmierinfektion, also Küssen, gemeinsame Benutzung von

Gläsern, Zigaretten, Zahnbürsten usw., da es in allen Körperflüssigkeiten vorkommen kann.

Am Infektionsort entsteht nach 2-3 Wochen eine kleine Wunde, begleitet von regionalen Lymphknotenschwellungen. Dieses schmerzlose Geschwür verschwindet auch ohne Therapie. Eben darin liegt aber auch die Gefahr, da der Erreger weiter im menschlichen Körper bleiben kann und auf diese Weise eine ständige Infektionsquelle darstellt. Nach Jahren bis Jahrzehnten können schwere Veränderungen an der Haut, den Gelenken, Knochen, Blutgefäßen, Herz, Nervensystem und Gehirn auftreten. Eine antibiotische Therapie in der Anfangsphase hingegen kann den Erreger gut abtöten.

Ulcus molle/weicher Schanker:

Der Erreger (Hämophilus ducreyi) wird meist durch Geschlechtsverkehr übertragen. Im letzten Jahrhundert war er eine häufige Ursache von Geschlechtskrankheiten in Europa, heute ist er noch weit verbreitet in Asien und Afrika.

Einige Tage nach der Infektion entwickelt sich an den Geschlechtsorganen, aber auch an Fingern, Lippen, Brust oder Zunge eine rundlich-ovale, schmerzhafte Wunde, von der aus kleine Satellitenwunden gebildet werden können und die oft mit einer ausgeprägten Schwellung der Leistenlymphknoten einhergeht. Eine wirkungsvolle antibiotische Therapie ist möglich.

Hepatitis B (+ C + D):

Die Hepatitis B ist eine Entzündung der Leber, die durch das Hepatitis B-Virus verursacht wird. Dieses wird ähnlich übertragen wie das HI-Virus, mit dem Unterschied, daß Blut von Hepatitis B-Infizierten viel infektiöser ist, als solches von AIDS-Patienten.

Auch die Hepatitis B ist eine gefährliche Erkrankung. Zwar kann eine Infektion ohne Symptome verlaufen, aber in immerhin 25 % der Fälle kommt es zu einer schweren Hepatitis, die lebensbedrohlich ist. Außerdem kann die Erkrankung bei ca. 10 % der Infizierten chronisch werden und auf diese Weise in seltenen Fällen zu allmählichem Funktionsverlust des Lebergewebes und zu Leberkrebs führen.

Nach einer Infektion beginnt die Erkrankung mit grippeähnlichen Symptomen wie Kopf- und Gliederschmerzen, Fieber und Magen-Darm-beschwerden. Später können eine Gelbsucht, Milz- und Leber-schwellung, dunkler Urin und entfärbter Stuhl hinzukommen.

Eine spezielle Therapie, die zur Heilung führen könnte, gibt es für die akute Hepatitis B nicht. In ca. einem Drittel der Fälle verläuft die Erkrankung symptomlos; der Infizierte bildet dann eine unerkannte und damit gefährliche Ansteckungsquelle. Prophylaktisch kann man sich seit einigen Jahren mit einer gut wirksamen Impfung gegen diesen Erreger schützen, die von jedem Hausarzt oder dem Gesundheitsamt durchgeführt werden kann. Seit dem Jahr 1997 werden in Deutschland alle Säuglinge im Rahmen der üblichen Kinderschutzimpfungen routinemäßig geimpft.

Weniger häufig als die Hepatitis B sind die Hepatitis C und D, auf gleiche Weise übertragbare Viruserkrankungen mit z.T. schlimmeren Folgen, auf die wir hier nicht weiter eingehen wollen. Eine Vorbeugung durch Impfung steht hier noch nicht zur Verfügung.

Unterläßt man die gleichen Risikoverhaltensweisen wie gegen eine HIV-Infektion, so ist man auch gegen die Virus-Hepatitis-Formen geschützt.

Weitere Geschlechtskrankheiten:

- Granuloma venereum (Donovaniosis), selten
- Lymphogranuloma venereum (Chlamidia trachomatis)
- Candidiasis der Genitale (Pilzinfektion)
- Genitalwarzen
- Herpes simplex-Infektionen
- Bakterielle Vaginitis (Gardnerella-vaginalis-Scheidenentzündung)

Allgemeine Empfehlungen bei Auftreten von Geschlechtskrankheiten:

Wichtig ist bei praktisch allen Geschlechtskrankheiten, daß zügig ein Arzt aufgesucht wird, um schlimme Folgen zu vermeiden. Natürlich muß man dazu seine Hemmungen überwinden, da im Allgemeinen niemand weder seine Geschlechtsteile, noch stigmatisierende Beschwerden gerne zeigt.

Aber die Gefahren, die durch eine Verschleppung auftreten können, sind so groß, daß abwartendes Verhalten sich nicht lohnt. Zudem ist der Arzt an sein Schweigen gebunden und wird nicht in der Öffentlichkeit darüber sprechen, sondern bei solchen Beschwerden im Gegenteil immer versuchen so diskret wie möglich zu sein. Geschlechtskrankheiten sind ja nicht so selten, im Gegenteil werden sie in den letzten Jahren wieder vermehrt beobachtet. Ihre Behandlung gehört zwar nicht zu den täglichen, aber doch zu den häufigen Aufgaben des Arztes; falsche Scheu wäre also gänzlich fehl am Platz.